L O C U S

LOCUS

Smile, please

smile 143

咬一口馬克思的水煎包——我這樣轉大人

張慧慈　著
BIGUN　圖
編輯　連翠茉
校對　呂佳真
美術設計　林育鋒、許慈力

出版者：大塊文化出版股份有限公司
台北市105南京東路四段25號11樓
www.locuspublishing.com
讀者服務專線：0800-006689
TEL：(02) 87123898　FAX：(02) 87123897
郵撥帳號：18955675　戶名：大塊文化出版股份有限公司
e-mail:locus@locuspublishing.com
法律顧問：董安丹律師、顧慕堯律師

總經銷：大和書報圖書股份有限公司
地址：新北市新莊區五工五路2號
TEL：(02) 89902588 (代表號)　FAX：(02) 22901658

初版一刷：2017年10月
初版二刷：2017年12月
定價：新台幣300元
ISBN 978-986-213-830-4　Printed in Taiwan

咬一口馬克思的水煎包

我這樣轉大人

張慧慈 著　BIGUN 繪

推薦1

恭喜，妳做到了！

姚人多
清華大學社會學研究所　副教授
總統府副秘書長

以前還在學校教書的時候，每一年暑假都會有一批新的學生來到校園。坦白講，在師生關係上，我不是一個很熱情的老師。每一屆來來去去的學生這麼多，能真正認識的其實沒有幾個。不過，張慧慈是我十幾年的教書生涯中一直掛念的學生。我喜歡看學生成長，或者，講得更精確一點，我喜歡看學生因為學了社會學之後，變成一個不一樣的人。慧慈就是一個明顯的例子。

對慧慈這樣一個工人階級出身的孩子而言，「變成一個不一樣的人」

這幾個字，有著更深一層的意義。像清大這樣的學校，學生多半來自社經地位相對高的家庭。弱勢或清寒家庭的學生來到這裡，每天的生活恐怕就像是高夫曼理論所說的偽裝或表演。在書中，慧慈紀錄她在學務處申請清寒家庭獎學金那一幕，大概就說明了一切。

她需要錢，她比任何人都清楚。不過，在大學裡面，就算你有真的很弱勢，當你要申請獎學金時，你還是要有一位教授願意幫你寫推薦信。對慧慈來說，找到一位教授，然後在這位教授面前坦白她的貧窮，則是她在大學生活裡面最大的挑戰。

我已經忘了慧慈是怎麼跟我說的。其實，她不需要跟我說，她日子不好過，我都看在眼裡。不過，我真正看在眼裡的其實不是她來自清寒家庭的事實，而是她有著一股不願向命運低頭的堅強意志力。她想要改變她自己的處境，改變她家庭的處境，她就是靠著這股意志力在念社會學。她想要變成一個不需要再申請清寒獎學金的人，她的想法非常務實而直白，不過，也只有像她這樣出身的人才能理解，這種直白的務實其實很需要勇氣。

從清大畢業之後，慧慈順利考上台大社會學系碩士班。台大這兩個字，由於品牌過於清晰明確，以至於她再也不需要對親朋好友們解釋，她其實是一個會唸書的人。如果她考上的是台大理工科研究所，我相信，慧慈在家族中應該會得到更大的肯定吧！不過，也正是因為她念的還是社會學，所以她仍然還是再追問關於她自己以及這個社會的答案。她並不是一帆風順，她還是有許多困頓。從這本書中，讀者可以細細品味這些困頓。這不是一個成功的故事，相反的，我會說，這是一個想要成功卻一直在困頓中摸索的年輕人的真實紀錄。像她這樣的人，應該不算少。今天慧慈用自我解嘲的方式在講她自己的故事，不過，我從這些自我解嘲中，讀出一些蒼涼，也讀出了社會結構在她這樣的人身上的作用。

人生總是有妥協。不過，當你念了社會學之後，很多事情當別人都妥協的時候，你依然會立場堅定。我看，慧慈往後的人生大概就是這樣過了。這本書是她的社會學故事，戰鬥是為了贏得尊嚴，我只想告訴她，「妳做到了」。

推薦2

鯉魚已乘流年去

吃：張不了口的情緒，不妨隨著食物嚥下

吳曉樂　作家

已有許多研究在申論飲食與階級的關係。確實，將食物放進嘴裡，茲事往往體大。吃，填充的不僅是物理上的空間，更有許多幽暗疏細的慾望等待被充盈。對我而言，這道理早已在日常生活中，如鯨魚之於水面般若隱若現。我的母系家族們，身形都是多肉的。在同儕的家庭紛紛時興低油低鹽的養生風格，以大番茄取代糖分較高的小番茄，與無糖冷

泡茶取代手搖飲料時，我的阿姨們擺攤一整天，收工後，就往夜市一坐，小火鍋、木瓜牛奶、沙威瑪、雞排、蒙古烤肉、麻辣鴨血臭豆腐……即使肚皮已脹得緊繃，返家時勢必要再外帶一份東山鴨頭或是豆乳雞。去姨們家住，沒幾天就能腫一圈。有一天，返回台中，站上磅秤，我驚恐得必須遷怒姨輩的飲食習慣，於是以一種近乎晉惠帝式的天真詢問我媽，為什麼阿姨們不像電視上那些窈窕的名媛，改採時尚的輕食風格啊？母親翻了翻白眼，不耐地回答：「妳不要剝奪她們唯一的樂趣行不行？」

此語有些傷人，背後的情緒倒也是貨真價實的。

我的姨們，每日對著煎台煮爐，熬煮青春與生計。月休二日的背後，是對於房租水電瓦斯的謹慎估量。對於她們而言，如果生活中有一件事，想到就足以快樂，也許就是在拉上鐵門之後，吃上一頓蒙古烤肉，一百二十元就能換來一盤疊得拔尖的菜盤，經大鐵盤翻炒，痛快的沙茶和蒜末辣椒，佐以一旁的白飯、熱湯吃到飽；也或者是小火鍋，一個人有些奢侈，最好是兩人合食，再加一份冬粉或蛋黃麵，近尾聲時，若胃囊還有些容量，就以無限暢飲的高湯作為特別嘉賓。母親與她的手足們，都愛喝湯，大量的液體經過喉嚨，流經胸臆，舒緩不了痠痛的筋骨，卻足以兌換面對明天的信心。台灣的庶民飲食，以營養學的角度而言，也許並不及格，但在鎮定心靈這方面，則是不折不扣的資優生。

而在書中，此一元素俯拾皆是。要舉一個角色，濃縮了這種精神，莫過於張慧慈的大姑姑。大姑姑是吃番薯籤飯長大的孩子，隨著事業有了積累，便戮力於餵飽她所親愛者。也因幼時無肉，有了經濟能力便無肉不歡。於是有了一日七餐，有了肉絲與米粉等量齊觀的炒米粉，有了婚禮會場上那讓素食者瞠目結舌的狂作。然而，在一幕幕豪爽的飲食饗宴背後，張慧慈也輕手輕腳地暗示著某種不安與匱乏感。因為歲月並不靜好，至少咱們將肚子撐飽。

但張慧慈思緒的流路並未中斷於此，這個女孩將帶給讀者更大的驚豔，否則將辜負了她好不容易給自己爭取來的空間：教育。不問食物貴賤，張慧慈都有一套個人的心法。好比她吃火鍋，先喝茶，待湯滾，先喝一碗，並且只喝這一碗，接著下肉片，待肉片微微翻紅，再包著青蔥、蒜頭與沙茶吃下，此時白飯因有了肉汁的浸潤，正是適宜入口之際，另一方面，高湯因得了肉品的脂油，可以接著下青江菜，並不用擔憂菜的土氣。而在肉品菜蔬先後豐富了湯的層次，必須以飽附湯汁的冬粉來接應，冬粉下肚，禮成奏樂。即使是異國料理越南河粉，她也能在幾次試探之內，就掌握了食用的時序與訣竅。我認為，正是她這些工整的儀式，恰恰顯現出她游移與中介的特質，她是藍領階級之子，但高等教育又賦予她另一層身分，讓她在人世的擁擠傾軋之中，尚能撐出一絲餘裕，深化了進食這民生活動，亦襯托出她的獨特之處。她能屈能伸，能雅能俗，所以她的文章，是雅俗共賞的。

張慧慈的書寫，有當代中罕見的文風。我常覺得，幽默這檔事，多少有些「老天爺是否賞飯吃」的命定論，依此，對於張慧慈，老天爺勢必是賞了盛宴。難能可貴的笑點，她信手拈來不只一顆，往往是一串！幾度我不得不放下書，只因笑得手抖，不好捧書。

而我獨獨想指出二點來談，其一，她的幽默，有一點格外可貴，格外合乎幽默二字的本格，那就是：她從來只幽自己一默。她的詼諧完全不是建立在他人價值的貶損，相反地，她開玩笑的對象往往是自己，在現世，如此乾淨的笑點已如吉光片羽，在笑的當下，心底明白這種愉快並沒有對不起誰，張慧慈真是個寵愛讀書的好作者。其二，若讀者陪著這位七年級末段班生嘗完這顆馬克思的水煎包，想必會納悶，這麼苦澀的日子，為什麼還能揚起嘴角活下去？

楊德昌電影《一一》中，八歲的洋洋鍾情拍攝人的背面，因為他覺得人只能看到一半的事情。從這個想法順下去，這本書的背面是什麼？有個橋段，或許可供參考。在〈神之編劇〉中，張慧慈寫道，她想方設法，爭取來獎學金，最後的大宗支出卻老是弟弟的醫療費，對此，張慧慈認為：「雖然我很心疼我的獎學金，但弟弟的腎臟病確實是自傳裡面最高潮迭起、引人注目、扣人心弦的主要劇情。按道理，本來就是要給弟弟一筆演出費的，這是他應得的報酬，我必須這樣想，才不會太想揍扁他。」

「我必須這樣想」，要我來說，這是電影《美麗人生》般的情節。

張慧慈先為讀者展示，貧苦是一種暴力，是人與社會的不健康關係，它反覆地侵蝕個人選擇上的自由性。下一瞬，像是法杖一揮，她又親身示範，當我們理解了生活是薛西佛斯般的荒謬時，思想上的超脫將以一種智慧和幽默的方式呈現。

世紀末的龍門

除了飲食人生之外，這本書最大的特點在於，她透過自身經歷，捕捉到社會中已經漸趨凝固的階級流動。書的最首，她寫道，愛打電動的同儕，可能搖身一變成為電競選手，而認真去讀書的乖寶寶卻成了魯蛇。此段我反覆讀過，屢屢心折。坐在教室安穩地讀書，對於社會上某一個族群而言，是一場重大的冒險。藍領階級的父母，多半生怕子女「克紹箕裘」，他們時常在胸中勾勒一個景象：子女坐在辦公室裡，在舒涼的冷氣下進行勞動，薪資穩定，工時穩定，福利與保障穩定。但這幅景象是有前提的：子女必須證明自己夠值得。對於資本匱乏的家族而言，子女是潛在的勞動力，多在學校一天，是勞動力的儲而不用，也是父母延長的勞動年限。若子女就讀的學校，頭銜不夠正當，不說旁人耳語，子女內心即無限自疚。而張慧慈一路的升學歷程，符合古典「愛拚才會贏」的信念，她反覆遭逢難關，但總能透過個人的機智或果敢化險為夷。

但在離開研究所後，實際與職場正式接軌時，張慧慈在越南的遭遇，不僅是劇情大綱的急轉直下，也像是某種理想與抱負的「硬著陸」，則讓人不禁自問：教育對於個人資本的累積，其極限在哪裡？顯然地，張慧慈猶在遲疑著。即使她明知社會上對於「效率」、「生涯規劃」、「勞動的持續性」是某些人為了鞏固自身的優勢地位而強加於他者的觀點，但她仍得接受這些結構巨輪的碾壓，遂進行起一連串「裝忙」以符合通念的行為。莊子道，不精不誠，不能動人。張慧慈的文筆之所以動人，是她並未草率地給予定見，而是誠實地交出了自己的處境與困惑。以對自身的探索與再建構作結，恐怕再也無法找到一個更合乎社會學的收束了。

張慧慈的出生年代，舊有的「教育翻轉階級」的遺緒還在，而新興的「教育鞏固階級」的反動浪潮還在醞釀。鯉魚確實能躍過龍門，而龍門卻逐年窄仄，有時也不免多疑地想，鯉魚啊鯉魚，那些曾奮力一蹬，登躍龍門的我族們，現在過得好嗎？是否在觥籌交錯之際，沉沉地學起那些迂迴匪淺的交際往來，以新的度量衡丈量人生，在紛落的名片與燈火輝煌的摩天大樓中，冷不防憶起童年時，拎著一塊大雞排或一整袋鹽酥雞啃吃的閒情。

我的母親，一輩子都在追著錢跑，也愛吃水煎包，貪吃的程度是，即使那日只有她不喜的韭菜，她還是會買。我問過一次，媽，妳是真的愛吃水煎包嗎？她以一臉「妳耍笨嗎」的眼神看我，理直氣壯，水煎包很好，「一顆十五元，有肉有菜有澱粉，如果一顆吃不飽，再買一顆就好。」

自序

只想好好生活

不知道從何時開始，應該說，就是從最近開始，輿論開始批評廣設大學這件事情，造成就業市場的衝擊與人才過剩的問題。然而，我是非常支持廣設大學政策的。即使因為公立大學的學生出身多半比較好，但學費比較低，這樣的情況加深了不平等。可是，人人有大學讀，是非常重要的。或許對於大部分的人來說，教育無法瞬間產生顯著的效果，步調太過緩慢，而生命太快。成效太過隱微，而社會太毒。或許，就如同我帶助教班的學生所說，「學社會學讓我太痛苦，每天輾轉難眠，不停思考這個世界的不公平」。但是，終究透過教育，我們可以知道自己的一切，源自何處。做個明白鬼，比起快樂死，更為重要。

也因為體驗過天堂，了解了地獄，寧願待著人間，盼著天堂，也不願再回地獄。經歷了工廠的洗禮、貧窮的滋味，即使只是坐在辦公室，領著不上不下的薪水，至少生活也有個期待，期待自己終有一天可以翻轉人生。即使因為受挫，停下腳步。發現回頭一看，一切沒有改變太多。辛苦還是辛苦，問題還是問題，但我有能力解決了，因為我知道，問題在哪裡，問題怎麼產生。

出身於底層，家裡是很典型的工人階級。對於年幼的我來說，很真實的願望，就是吃飽，吃好，吃開心。無論在生命的哪一個瞬間，停下腳步享受美食，都是最令人愉快的事情。

「妳好像每一張照片，都是跟食物拍照。」

曾經，身邊有些熟的、不熟的朋友，都會這樣跟我說。有些時候是敘述文，有些時候是轉折句。有些時候，帶著一點惡意跟嘲諷。我總是笑著，笑他們不懂，笑這個世界對於窮人的不友善，以及體態的階級歧視。吃東西，對於我跟像我一樣的人來說，是生命的意義。藉著不同的飲食，我記憶每一段人生，吞下每一個怨懟，創造每一場回憶。所以，我一直在吃。咀嚼這個世界的醜陋與美麗，嘗盡人生百味，達成簡單又美好的目標。

努力了這麼久一段時間，其實我還是沒辦法翻轉人生到頂點，沒辦法讓媽媽、兄弟姐妹以及我關心的人、社會，過上幸福富裕的生活。

努力要到何時，才可以看到盡頭呢？

我相信很多人其實都有過這樣的疑問，只是藏在心裡面不敢說出來。努力，彷彿成為年輕人唯一的目標。沒錯，是目標，不是達成目標所需要付出的代價。

但，我為什麼要努力？

又或者說，什麼是我想要完成的夢想？

我記得，很久以前，有個人曾經這樣說：

「我想要好好生活，但現在卻只能活著。」

我的夢想真的很簡單，就是過自己想過的生活，做自己想做的事情，以及，好好跟在乎的人相處著。無關什麼偉大的夢想，或者是壯闊的志向。

好好生活，是我們這個世代，最奢求的事情。

滿足被社會凌虐的體無完膚的生命，可以很簡單。

就讓我們一起，咬一口馬克思的水煎包。可能被燙傷，可能內餡不多，但我終將撥開外皮，面對社會。但至少，能夠食用。

吃，就對了！

目錄

研究所的韓國味

我很喜歡路邊飄散的各種味道，縱使我有嚴重的鼻子過敏。

鹽酥雞的鹹香味、咖啡的酸苦味、泡菜的酸辣味，每一個味道，都承載著我每一段人生。

你呢？

喚起你記憶的，是聲音、圖像，或者跟我一樣，是味道呢？

有一個流傳在研究生間的故事，大家可能都聽過，也可能曾經身在其中。不妨讓我再說一次。故事是這樣的：

人的一生中，會對很多事物感興趣，而某些時候，興趣，會成為人的執念。住宿的時候，總是會有某些同學睡覺一定要蓋自己小時候蓋過的小被被，才能睡得著。小被被幾乎都是破爛不堪，有些甚至會散發著陳年的腐味。但這些腐味，卻是他們心中的撫慰。或者有些同學，到了大學後，你唯一能看到他的時候，就是在宿舍，不然就是在前往購足生活用品（如食物跟食物）的路上。這些朋友每天都在打電動，然後某一天，他可能就被退學了。當你在唏噓他的人生都被電動毀掉的時候，他卻突然出現在mobile01，變成一個非常強大的電競選手，或是富有知名度的直播主。然後，你才發現，真正的魯蛇，是認真去上課的這些乖寶寶，如同你。但無論你從小到大有沒有對任何事物感興趣，開始讀碩士後，你一定會莫名的對某些事物感興趣，進而去鑽研之、實踐之，成為一方的專家。或許你會成為月薪嬌妻，每天把家裡乃至於馬桶刷得乾乾淨淨；或許你會成為博覽群書的人，甚至是在網路上大紅大紫，成為負能量界的代表。但是，最為獵奇的是，那些興趣絕對都跟論文無關。

因此，身為一個把研究所當大學在念，念了整整四年，甚至在二〇一三年因為太常出國，而在朋友圈流傳著「消失的二〇一三」稱號的研究生，當然也會有一些當時衍生出來的專長，並且持續至今，那就是「學韓文」。

研究生，是非常具有行動力的。像是懷孕的女子，在孕期想吃什麼，就必須要滿足，即使千里迢迢去找也不厭倦。或者是像厭世的上班族，假日一到，可能就會去觀望了一整個上班日，天天大排長龍的店裡，吃其實也沒那麼好吃的食物。因此，當發現自己對於韓流有點興趣的時候，花了一個晚上的時間，研究了補習班的資訊後，火速在隔天騎著摩托車，前往補習班選定了報名繳費，並在下週就開始上課，完全不能讓自己的時間有一絲絲因為等待產生的浪費。

第一堂課如期開課，班上大概三十位同學，老師是一個剛結束在中國的教學工作，來到她一直心心念念的台灣，帶著一種來台灣打工度假心情的韓國女子。第一堂課不免俗的當然要自我介紹，老師也很老套的問大家說：

「여러분 왜 한국어를 배우고 싶습니까？」（大家，為什麼想要學韓文呢？）

有的同學回答喜歡 Super Junior，有的說喜歡 Running man，也有的說喜歡韓國流行的全部。輪到我時，身為研究生且又有中二病的我，百轉千迴後說：

「我對於東亞文化非常有興趣，所以先學了日文。我認為日文學得已經差不多，現在正準備向韓文發展。未來，希望能對區域研究這個領域有一定的貢獻。」不換氣，平穩的說完自己的理由後，老師對我微微笑，叫我加油，努力學習，願望一定很快就可以實現的。班上其他同學也用一種「哇，好……好學術性的理由」的表情在看我，我有點驕傲，所以，不敢說出我學習韓文的真正理由。直到我們班最後剩下六個人在硬撐著的時候，我才吐露真言。

「我喜歡少女時代，她們的腿超級美，好想磨蹭。」

我並不是直接喜歡上少女時代的，喜歡上她們，是間接的。但無論如何，少女時代，救贖了深陷研究苦海不再少女的我的研究生時代。

大學的時候，我讀的是清大人社系。我們系所的概念是仿效美國的博雅教育，一、二年級必修語言、社會、歷史、人類等課程，到了三年級再分組，選修自己真正有興趣的兩個學程，各選修一定的學分，便可畢業。表面上來看，我們可以比其他科系學到更多更廣的知識，但對於要考研究所來說，卻是頗為不利的。畢竟，我們一個學程修習的學分之少，比起其他專門系所來說，可能只學習了他們的一半。因此，在我推甄上台大社會所後，痛苦便開始了。

必修「古典社會學」，老師要求我去補齊台大社會系大學部的書單。攤開那份書單，看完馬克思的，我就差不多往生了。更不用說後面還有韋伯、涂爾幹以及席美爾；除了社會學還有哲學，什麼都不用學，我就已經不想學了。可能會有人說：「就算我們是社會系，對這四個人一樣一知半解啊」，然後覺得我不該拿這個當成擺爛的藉口，那我就再說一個例子。

大家都知道，但我不知道，所以高中很討厭數學的我，大學的時候，選了社會系就讀。誰知道，一進學校後，第一個看到差點暈倒的就是「社會統計」這門課。因為真的太過於不想上課了，我拖到大三大四的時候，才去修這門課。早已忘記Σ等一切數學符號的我，痛苦的、擦邊球式的，完成了這個課程，以及學習了統計軟體STATA。

到了台大社會所，必修課除了剛剛提到的古典社會學以外，便是「高級統計」。什麼是高級統計呢？就是初級、中級後要修的啊。那麼，我在大學的時候，修了哪些課呢？好像只有一堂叫作「初級」統計的課程呢！沒錯，大家沒有看錯，因為使用的是同一本課本，所以更不會出錯。在清大只上到該課本第六章的我，連卡方檢定是什麼都不知道的情況下，就要直接進入迴歸分析，且學習另一套新的統計軟體，SPSS。在這樣的情況下，叫我怎能不絕望？所以，我就自暴自棄的過了一年，還得了兩次腸病毒。

在傷春悲秋的這一年，我大學的好友，偶然的傳了一個連結給我。當時，大家對韓國都沒有很熟悉，甚至因為讀的是理工學校的關係，多多少少有點微微的仇韓意識。這樣的情況下，看到朋友傳來，五個大叔穿著鮮豔的衣服，戴著很西洋風情的假髮，在那裡勁歌熱舞時，只會一笑置之，放在一旁，繼續傷感我的碩士生活。

過沒多久，朋友從新竹上來找我，連同另外一個朋友，就像被黑道壓著簽本票的八字眉、看起來很衰小的倒楣人一樣，被壓在電腦前面，一次又一次的看著「中年時代」的影片。

回家後，我自己點開影片，看了一次又一次。最後，忍不住去查了這群阿伯到底在學哪個團體，然後，就 fall in love 啦！當然，後來發現那五個阿伯都是非常有名的韓國主持人，朴明秀、劉在錫等，然後一頭栽入了他們主持的相關節目中，也是情有可原的。

少女時代的美腿，牽引著我走向學習韓文的路，填補了研究生活的苦悶。那是一段美好的時光，做什麼事情都很有方向。每週三去補習班上課，剩下的時間看韓劇、韓綜、聽 KPOP。甚至連三餐要吃什麼都不用煩惱，對於研究生來說，早上是不會醒過來的，所以醒過來的第一餐，通常就是午餐。但剛醒過來，是非常難以出門的。所以，我會去買一大罐泡菜跟辛拉麵。先滾好熱水，加入辛拉麵的麵體。韓國人非常熱愛吃泡麵，韓國的泡麵種類也非常的多，跟台灣一樣，有著不同的風情。老師告訴我們，韓國人愛吃泡麵的原因，是因為湯頭有肉的味道。早期的韓國很窮，人民很難吃飽，更不要說是吃肉了。為了讓自己好像有在吃肉的感覺，韓國泡麵的湯頭便會增添進肉味。所以，韓國人非常喜歡吃泡麵。韓國泡麵的麵體比較厚實，耐煮，因此，用泡的味道反而沒那麼好吃。

煮韓國的泡麵可以很講究。首先，先將水煮滾，然後放入調味粉包，接著下麵。麵放下去後，要盡速攪散。然後，一直將麵拉起來，讓麵體可以接觸到空氣。麵與空氣接觸越頻繁，就越具有彈性，更能帶出韓國麵體Q彈的特性。待滾了以後，可以加入簡單的青菜以及蛋。最後，關火後，加入一片起士片在上頭。紅色的湯體，黃色的麵條，乳白色的起士片，顏色上首先拿了八十分。接著，先單獨吃一口麵，享受口感十足的麵條後，辣椒粉的辣會從胃中逆襲，燒熱你的胃與食道。這個時候，你需要的不是吉胃福適錠或是開水，你需要的，是再吃一口。要抑制辣

麵放下去後，
要儘速攪散。
嘿嘿—
然後，一直將麵拉
起來，讓麵體可以
接觸到空氣。
關火後，加入一片
起士片在上頭。
好美味—
我開動了！
哇啊！吃
太急了吧！
咻！
怎麼了！
妳要喝水嗎？
好、
好辣…
抖
抖
再
再來一口！
呀！
妳以為在
抽獎啊！

味的這一口，必須要把起士片一起吃入。再來，你會神奇的發現，辣味被中和掉了。不是新北市的那個中和，而是辣味被起士包裹起來，溫順的拂過胃與食道，沿路構築防禦工事，讓辣不再造成傷害。你便可以全心投入感受辛拉麵的風味，與韓國人那段打拚的回憶產生共鳴。

而辛拉麵，也串起了我和好友的回憶。好友在英國留學的那一年，過得非常得克難。雖然家境不錯，但勤儉持家的好友，還是想要縮減用度，讓自己能夠餓其體膚，然後成就大事。因此，相對便宜又好料理的辛拉麵，便是她在英國的主要糧食。其重要性，跟馬鈴薯一樣。馬鈴薯拯救了人口快速膨脹的歐洲，免於飢荒。辛拉麵，拯救了在歐洲快要餓死的我的好友。但一直吃辛拉麵也不是個辦法，所以好友向身旁的料理達人們，徵募簡單好吃的料理食譜，收到的食譜都可以出一本「留學不用怕，跟著吃就對了」的書。

然後，她還是繼續以辛拉麵為主要的糧食，直到學成歸國。

一包辛拉麵，串起了兩地研究生的記憶，拯救了無數的研究生少女。

泡麵築出了一條路，一條讓韓國人打拚的路。泡麵也讓我想起了那段過往。

反攻大陸

「你們對於韓國把日本時代的總督府拆除，好像很不以為然？那你們台灣呢？對於日本時代所留下來的建築物，都是怎麼處理的呢？」

台下所有的學生爆笑，舉手跟韓文老師說：

「老師，妳在的這棟建築物，就是日本時代留下來的啦。」

「那你們，不會想要把日本時代的建築物拆掉嗎？」韓文老師這樣說。

那是一個炎熱的午後，在台大的校園裡面，普通教學館的韓文課課堂上，所上演的一幕。

少女時代的九雙美腿（現在剩八雙了），撐起了我的碩士生活。喜歡少女時代對韓國產生的興趣，以及相伴而來的語言學習，都讓我在現在的工作生涯中，有了追求的目標與方向，可說是受益良多。在當時，除了在外面的補習班上課以外，我也選修了學校裡面的韓文課。

上課從來就不是學習語言的主要途徑，語言的學習，是自己在家裡練習而來的。上課，多半想通過本地人的口中，述說著屬於該地的文化與有趣的事物，來加深自己對於當地的認知，進而增加自己的談資。所以，不可避免的，總是會談到與政治、歷史、社會有關的事物，比方日本時代留下來的建築。

當時，好像是我提起的吧？我問老師，韓國跟台灣同樣歷經了日本統治時代，但韓國人對於日本的厭棄對比台灣對於日本的正向觀點，似乎很值得研究。從建築物上來看，好像可以看見一些端倪。接著我問說，因為我在網路上看到，韓國非常討厭日本統治時代，所以把總督府、帝國大學都拆除了，重新修葺了景福宮，並把原本被移到他處的光化門給裝回來，淡化日本統治的痕跡，找回韓國民族的尊嚴。

或許是因為國民政府給台灣人民帶來的傷痛過於深刻，又或許是日本統治時代在台灣奠定了許多建設基礎，因此，從小到大我接觸到的，都是對於日本統治時代的推崇，以及對於國民政府時代的唾棄。有時候我在想，會不會是國民政府覺得把知識分子趕盡殺絕就好，把對家鄉的回憶放到各大路名就好，對於日本時代所留下的建築物，還能夠作為主要的行政機關使用，而不是拆除。雖然現在的地方首長很喜歡以都更為令劍，拆掉別人的房子，但在當時，確實有些建築物被留下來了，譬如總統府、監察院，譬如台灣大學。

因此，當韓文老師試圖讓我們跟她的想法一致，希望我們贊同他們處理日本時代遺留建築物的想法時，倒是罕見地，全班沒人同意拆除比較好，還引發了一小段對於古蹟維護的抗爭。

古蹟怎麼可以拆除呢？我一定第一個跳出來反對。因為我從小到大最大的願望，就是在古蹟裡面讀書與辦公。

在古蹟讀書、辦公，並且在古蹟上廁所，一直是我的心願。研究所到底要留在清大，還是去台大，這樣的問題，在我腦海並沒有停留太長的時間。去台大，不是因為是台灣第一學府，而是因為台大是日本帝國大學，是少數坐落在古蹟裡面的學校。想著自己與古人，共用同樣的建築物、同樣的廁所，藉此有著「今人不見古時月，今月曾經照古人」的聯繫，就令人興奮不已。

我把這樣的想法跟同學以及同事分享，但始終沒有獲得正面的回應。他們總是先露出了「唉噁，妳好胎歌」的表情，才裝作不想傷害我一般的問：「為什麼妳會有這樣的想法？」人哪，就是會被光怪陸離的事情給吸引住，攔都攔不住。但是說實話，為什麼我會有這樣的願望呢？那可能就要從很久很久以前，我還在讀國小的時候說起了。

我是民國七七年出生的，從小就住在台北縣新莊市。雖然是台北縣，但是跟鄉下地區差不多了。新莊幾乎都是來自於雲林跟嘉義的移民，因為都市工作機會多，所以一個一個跑來城市，找尋生存的機會。接著，成家立業。

幾乎都是鄉下人，幾乎都沒有讀過什麼書，對於社會，幾乎沒有什麼關心。

為什麼我會這樣說呢？

當代覺醒的台灣人應該覺得很不可思議，我小時候的偶像，不是爸媽、老師、愛迪生或者是住在附近的大哥哥大姐姐，而是先總統蔣公以及國父孫中山。原因很簡單，就是被老師影響的。

我印象非常深刻，在小學的時候，數學老師很愛帶我們去跑操場。雖然我討厭數學課，覺得一個框框加上另一個框框，然後給你答案。兩個方程式我就要知道框框裡面的數字，我通靈啊我。但比起討厭的數學課，我更討厭體育課。但世界第一討厭的，就是數學課變成體育課，這兩個討厭的課，不可以在一起，就像是秋天吃螃蟹，不能跟柿子一起吃；如果一起吃了，就要用雞屎白解毒。體育課跟數學課沒有雞屎白可以解毒，所以只能乖乖的讓這之中的轉換頻繁發生，而我也只能默默面對。

話說回來，到底為什麼數學老師一定要把數學課變成體育課呢？或者正確來說，是堂跑步課。大家一定想不到，真的。我每次跟我朋友打賭，都賭一杯有茶氏的鳳梨清茶，這些年來，始終沒有任何人答對過。

要有強健的體魄，才能夠反攻大陸。

我在想，生活在蔣中正時期的叔叔伯伯嬸嬸姑姑們都有聽過這句話，或者身體力行過。但我在一九九九年，還是二〇〇〇年了，總之是我國小的時候，某幾堂數學課變成體育課，全班在操場跑步，為的就是反攻大陸。

「反攻大陸」這樣一句只會出現在課本或是軍教片裡面的口號，就這樣被實踐在台北縣新莊市的某個國小裡面。成為小學時代的我，唯二的記憶了。

後來，長大後，參加了很多對政府不滿所發起的抗議活動，逐漸探索自己對於國家民主化的演變時，這個回憶，成為我心中的謎團。偶然地，在某次運動的場合上，我遇到了國小同學。約出來聚會小酌後，我問他：

「欸，你記得我們小六的時候，是不是一直在跑步啊？」

「嘿啊，反攻大陸。」

要做大事

說到底，小六那時候對於數學課變成體育課的不爽，也單單只是對於要流汗的厭惡以及對運動的厭煩，對於反攻大陸，我卻是一點也沒有懷疑的。

部編版的學生，應該都對這一課有印象吧？

國文課本，第二冊第一課，〈立志做大事〉。課文是這樣寫的：

「我讀古今中外的歷史，知道世界上極有名的人，不全是從政治事業一方面成功的。有在政權上一時極有勢力的人，後來並不知名的；有極知名的人，完全是在政治範圍之外的。簡單地說，古今人物之名望的高大，不是在他所做的官大，是在他所做的事業成功。如果一件事業能夠成功，便能夠享大名。所以我勸諸君立志，是要做大事，不要做大官。」

我不得不承認，我真的深受感動。回家後，一直跟爸媽說：

「我以後要做大事，賺大錢，不要做大官。」

話說完後，忘了媽媽還是爸爸還是阿公，接著就說：「做啥攏好，不通摻政治。」

不要摻政治，跟不要做大官是同樣的事情，所以，當時我並沒有覺得奇怪，只是滿心思考：要做哪些大事才可以賺大錢呢？對一個國小學童來說，思考如何賺大錢實在是非常困難，畢竟身邊擁有的錢也就只有下課後得以在學校的對面，買半塊炸雞排以及抽一次獎的錢。

至於身邊的長輩，也沒辦法給我太多意見，生活就夠他們疲於奔命了。

我的父母都是南部小孩，為了要討生活，才遷移至台北工作。爸爸是跟隨阿公腳步上台北的。很早就知道種田無法養活一家人，所以阿公早早就上台北了。阿公從攪拌混凝土開始，一路蓋房子，建起了台灣的黃金時代，養活了一家人。最後，終於在新莊買了公寓二樓二十坪左右的房子。

阿公是日本統治時代末期出生的，在我的記憶中，阿公是個哈日族。小時候阿公會拿五十音給我們背，還會拿〈桃太郎〉的歌譜給我們，並且教我們唱。

那時候我簡直可以參加日本小學歌唱大賽。

我唱歌並不好聽，到現在也還是。但當時，我真的很會唱〈桃太郎〉，是全部每一段歌詞都會唱的那一種。然而，重金之下必有勇夫，有錢能使鬼推磨。阿公祭出了高額的獎金，只要背五十音，就有五十塊。

唱〈桃太郎〉，就有五十元。加起來就是一百元了。

人客啊，知影一百元對於一九九五年的新莊小孩有多大嗎？

以我這個新莊孩子為例，媽媽每天給我五十元，讓我去吃早餐。當時的早餐店跟盧廣仲所唱的〈早安晨之美〉差不多，只是沒有好多好多的早餐在這裡，就是一些簡單的紅茶奶茶咖啡可樂以及吐司跟蘿蔔糕煎餃蛋餅這類歷久彌新的基本款，選擇不多，但也足夠，當時很容易滿足。

每個小朋友一拿到錢的那一剎那，就已經是個小小精算師了。五十元，是我的總財產。我每天必須要做到幾件事情：

一、吃早餐。

二、抽獎。

三、吃點心。

做到這幾件事情，才能算是完成每日任務。

早餐通常是這樣的，一個巧克力吐司加上一杯冰紅茶，二十元。

抽獎一次五元，兩次十元，我都會抽兩次。

下課後，會去買炸肉串加上炸薯條，這樣也是二十元。或是奢華一點，直接吃炸雞排，也是二十元。這樣，一整天的花費剛好五十元。

然而，下午如果沒有辦法去福利社買飲料或是點心之類的，在班上會有一點邊緣。但我們家有四個小孩，我沒有勇氣再跟媽媽多拿錢了。因此，開源就是一件很重要的事情。背一背五十音，唱一唱〈桃太郎〉，就有一百元。一百元不僅可以讓我每天下午都去福利社買東西，還可以存下來買貼紙或多抽一點獎。這根本就是生存的大事了，所以，我小時候日語還滿溜的。

當時即便如此，對於日本，我也沒有什麼太特別的看法，

在課本裡、課堂上，日本都是中華民國的仇人。日軍殺了千千萬萬的中國人，侵略我國領土，最後是正義之士美軍投了兩個原子彈，才中止了日軍的侵略。

在家裡，日本人是為台灣帶來進步、安全的好政府，只要人民乖乖，再窮也可以讀書。晚上不用關門，沒有人會做壞事，因為有警察大人。

現在想來非常神奇，在當時我居然沒有精神混亂。我那時候覺得，課本裡寫的日本人，應該都在台北，所以很壞。但我阿公遇到的日本人，都是在南部，所以人比較好。只是當阿公罵國民政府，特別是蔣中正的時候，我會非常生氣。我記得有一天，我還跟老師說我阿公在家都說日本人比較好，蔣中正是壞人。老師冷冷的跟我說：「阿公沒讀書。」

阿公是有讀書的，而且阿公很喜歡讀書。直到阿公過世後，我都很後悔當時沒有跟老師說：「我阿公很會讀書，他日文真的很好。」

阿公在日本統治時期，有就讀公學校，是識字的。我爸那邊一直是務農的，阿公是長子，上面有一個姐姐，下面有兩個弟弟一個妹妹。身為長男，基本上是被認為要繼承家業的。但阿公喜歡讀書，而且聽說他真的超會讀書。所以，當時阿公一定在想：「我認真讀書，就可以讓厝

一個巧克力土司
加上一杯冰紅茶，
二十元。
20
抽獎一次五元，
兩次十元，我
都會抽兩次。
10
抽兩次
好好唷
下課後，會去買炸肉
串加上炸薯條，這樣
也是二十元。
或是奢華一點，
直接吃炸雞排，
也是二十元。
20
OR
20
這樣，一整天的
花費剛好五十元。
耶
50
20年後
小時候也真是太
厲害了…這在現
在根本就是不可
能的任務！
一個雞排就
五十元了！

邊隔壁看得起，可以讓全家人過好日子，可以較過得去，不用一直辛苦種田，有一頓沒二頓的。」

一個想著未來可以坐辦公室，讓家裡的人過好日子的雲林小子。怎麼想也想不到，給他希望的日本統治者，會有被打倒的一天。更令他想不到的是，緊接而來，在後代課本裡面記載如同救世主般的國民政府，真正的毀去他的夢想。

他沒辦法念書了。

他所學習的日語以及相關知識，都沒有任何的用處。他慣用的母語閩南語，也因為是不入流的方言，而被禁止。瞬間，他人生的一切都被否定，他所想像的未來再也無法企及。

他們之前存下來的錢，因為四萬換一塊，也瞬間蒸發。所以，他只能回去種田、只能去當學徒，學拌混泥土、蓋房子，來養活一家大小。

然後，管好自己的嘴。

二姑姑的白鯧魚

有讀書不代表就不傳統，我爸那邊，是非常傳統的重男輕女家庭。爸爸是長子也是獨子，在國小畢業後，因為對讀書毫無興趣，所以就跟著阿公做土水。在台北跟當時做美髮的母親認識，進而結婚。雲林小子與嘉義女孩，戀愛結婚，然後生下了四個小孩，在新莊定居下來。

父母感情並不好，從我有記憶開始，一直都在吵架，至今還是每天都在吵，維持著一種微妙的關係。床頭吵不一定會床尾合，某市長拿這句話來當兩岸關係的註解，我覺得是沒有看見幸福家庭以外的世界。

因此，從小到大我都覺得他們一定是相親結婚。這大概是一種大腦的保護機制，為了要讓我可以合理化他們的感情失和，為了要讓我對於小時候的不好回憶都有統計學上的理由。但是，悲劇的，他們就是戀愛結婚的。

感情的持續惡化，我跟大妹大概也推波助瀾了一下。爸爸是獨子，妻子沒辦法一舉得男，二舉也沒有得男，勢必會非常緊張，緊張到全家族都在想辦法。是否應該離婚再娶一個？還是要繼續努力？這樣的討論從來沒有停過，連帶我們也沒有被受到重視。

好險，媽媽在第三胎，終於生下了一個男孩。

男孩跟救世主一樣被生下來，就好像在海上遇難漂流的漁民，終於遇到他們心中的女神林默娘一樣，備受期待。

小時候，我一直以為我的小名叫作大隻，我妹叫作小隻。直到我弟出生後，我才知道，我以為的小名，不過就是對於牲畜的叫法。因為我們是女生啊，沒有記得名字或是呼喊名字的需要。只要用大隻小隻形容就好。

快樂的時光總是過得特別快。

這個男孩，在一歲半時，被長庚的腎臟科醫師診斷錯誤，從感冒引起的腎臟發炎，惡化成慢性腎臟病。弟弟一夕之間從受寵的長孫，變成了受盡冷落、嘲諷的生病孩子。在這樣的情況下，媽媽只能邊工作，邊照顧弟弟。自然而然的，照顧最小妹妹的責任，也就落到了我的身上。

說起我這個最小的妹妹，她的出生完全是個民間傳說。傳說中，生了一個男孩，下一個也會是男孩。所以，媽媽為了證明這個傳說是個無稽之談，就賭氣生了我最小的妹妹。緊接著，弟弟就發病了，媽媽也僅能將大半的心力放到這個弟弟身上。妹妹的出生，什麼也沒有改變，唯一改變的，就是大妹的小名從小隻，變成了中隻。小隻，被我最小的妹妹給繼承了。

這樣的情況下，媽媽其實也沒辦法太照顧到我們。應該說，一直以來，媽媽都沒有什麼時間照顧我們。大妹放在鄉下，讓二嬸婆顧著。等到有一天我媽發現，妹妹為什麼還不會講話。才突然意識到，孩子對於語言的掌握，是透過學習的。二嬸婆跟姑姑非常疼愛妹妹，但姑姑工作繁忙，二嬸婆是個啞巴，沒有人跟我妹講話，自然，我妹就不會講話。

最後，我媽只好把我妹接回來，請住在一條街外的阿姨幫忙照看著。然後，請外公外婆幫忙照看小妹，我則是由當時還沒出嫁的二姑姑照顧著。

二姑姑可以說是我當時的人生典範。

三十歲，有著穩定的紡織廠工作，有一定的投資，沒有打算結婚，完全是個都會新女性的形象。她常常帶著我去紡織廠工作，把我放在她的針車附近，然後我乖乖的看書，或者是在不干擾二姑姑工作的情況下，在一格格好像棋盤的針車房裡面遊走，到處跟不同的姐姐阿姨聊天，然後得到很多點心。

中午的時候，大家都會一起吃飯。我跟著二姑姑以及她的同事們一起去員工餐廳吃飯，員工餐廳裡面是一張張圓桌，上面會有不同的炒青菜、白飯、湯，以及一條白鯧魚。

煎白鯧魚一直都是我最愛的一道料理，從外型到味道，無一不討喜。煎白鯧魚之前，一定要先在兩面的魚身上劃上兩刀，再放入油燒得滾熱但平靜的煎鍋中。滋滋作響的油聲，是美味白鯧魚的進行曲。煎成赤赤、金黃色的白鯧魚起鍋後，一定要用方形的瓷盤盛裝。

白鯧魚是非常具有幾何美的生物，四四方方的身體，該尖的地方尖，該流線的地方就是完美的拋物線。有圓潤有尖銳，一定要用最正的盤子來凸顯這樣的美感。並且，放在圓桌上，看起來有對比的樣子。

每次白鯧魚一上桌，二姑姑跟同事們總是會先讓我夾。我的手不長，但我都夾得到。我把幾乎半隻的魚夾到我的盤子裡面，品嘗卡滋卡滋的煎白鯧魚之前，一定要先在兩面的魚身上劃上兩刀，在放下油燒的滾熱但平靜的煎鍋中。

白鯧魚是非常具有幾何美的生物，四四方方的身體，該尖的地方尖，該流線的地方就是完美的拋物線。

有圓潤有尖銳，一定要用最正的盤子來凸顯這樣的美感。

我把幾乎半隻的魚夾到我的盤子裡面，品嚐卡滋卡滋的聲音在我的嘴裡奏著。

必須要有很多聲音，才能讓我心靈安定。必須要有動作，才能讓我有所依靠。

吃，是最好的動作。
吃，也是一種保護機制。

聲音在我的嘴裡奏著。必須要有很多聲音，才能讓我心靈安定。必須要有動作，才能讓我有所依靠。吃，是最好的動作。吃，也是一種保護機制。

其實午餐時間也沒有很久，匆匆的吃完後，跟著二姑姑回到她的縫紉機旁。聽著車衣服的聲音，聞著棉絮以及針車油的味道，我通常都會睡著。

其實我也真不記得我到底都在做些什麼，或者在想些什麼。可能只想著白鯧魚，或者是下午都會買來吃的炸彈麵包。

炸彈麵包物如其名，做得就像炸彈一樣，其實更接近的，是飛行船的樣子。炸彈麵包比我的臉還要大，比我的手還要大，我兩手無法握好握滿炸彈麵包。我通常都先從一邊吃起，咬去炸彈填充火藥的地方，裡面露出一顆顆紫黑色的葡萄乾。接著，用短短的手指去拿起一粒葡萄乾。先咬一半，把鹹澀的皮給咬去。伸出舌頭舔一舔裡面軟嫩，帶著酸味甜味的內裡，然後再吃掉。將舉目所及的所有葡萄乾都吃完後，再繼續啃咬外層如同波蘿麵包一樣，帶著椰香的酥皮，直到又再度露出新的葡萄乾苗圃。

重複著這樣的動作，直到整個炸彈麵包吃完，大概可以用掉一個小時。一來一往，大概也就剩下兩個小時，二姑姑便下班了。

我們就可以回家了。

其實我都知道，我知道二姑姑沒有那麼喜歡我，沒有那麼想照顧我。試著想想看，一個獨立、花樣的都會女性，必須要幫忙哥哥照顧他的小孩，還要上班，誰會心甘情願呢？再加上當時我並不是一個討喜的小孩，我也不知道，原來我吃掉的白鯧魚，是姑姑必須要額外花錢請廚房多煎給我的。

但我很喜歡二姑姑，即使她比較喜歡我那個童年因為不會講話而安靜討喜的妹妹，我還是很喜歡二姑姑。

炸彈麵包比我的臉還要大，比我的手還要大，我兩手無法握好握滿炸彈麵包。
我通常都先從一邊吃起，咬去炸彈填充火藥的地方。
嘶—
!!
裡面露出一顆顆紫黑色的葡萄乾。
轉轉
將舉目所及的所有葡萄乾都吃完後，再繼續啃咬外層如同波羅麵包一樣，帶著椰香的酥皮
哇啊—!
嚼嚼
直到又再度露出新的葡萄乾苗圃。

我一直覺得，二姑姑的人生，是被我阿公跟爸爸給毀了。活得獨立自主的女性，還是逃不離傳統的枷鎖，走入了婚姻。這個婚姻，不是她自己選的，是他的父親，他的兄長，從對方的財務狀況表徵中，精挑細選的。好像沒有人問過她願不願意，只記得有一天，我自己跑去二姑姑的房間，她看著牆壁上貼著的《尼羅河女兒》的海報，頭戴很多金飾，身穿埃及造型衣物的女孩，倚靠在一樣頭戴很多金飾，看起來就是高富帥的男人身上，女孩眼神透露著驚恐，並沒有因為她倚靠在男人懷裡有半點消去。

我看著這樣的姑姑，過了一會兒，她說：

「足足（慈的閩南語發音），查某囝仔不一定要結婚，自己也可以生活得很好，妳甘知？」

因此，當阿公在醫院彌留，二姑姑從南部趕上來後，劈頭指著我們說：「阿公是被你們害死的，你們都會有報應」的那個時候，我無法恨她，也不埋怨她。只是想到童年的白鯧魚，那煎得赤赤黃黃，裝在方盤裡面的白鯧魚，已經很久沒吃了。白鯧魚跟著姑姑的青春與亮麗，流向那名為傳統的大海裡了，再也捕撈不到，再也不敢想了。

衣櫃裡的書

媽媽年輕時曾經可以就讀嘉義女中，但因為家裡要蓋房子（是的，就這原因），沒錢讓她繼續升學。雖然老師表示，如果她有意升學，願意伸出援手，學費什麼的不用擔心，但外婆認為「人情債不好還」，因此作罷。身為長女的媽媽，一點怨懟也沒有（至少媽媽一直強調這點），轉而去繁華的城市學做美髮，日後還常常說：「妳外公真的很幸運，決定蓋房子時，就先去訂了材料，沒想到隔天，真的就隔天而已，鋼筋水泥大漲價，漲了好幾倍。我們用最划算的價錢蓋了嘉義那間房子。決定不讀書是對的！」

如果不算媽媽賠進去的璀璨前程（至少我覺得）的話，確實很划算。

儘管這樣，媽媽和爸爸可不是憑父母之言結婚的。當我從媽媽的口中，聽到她不是相親結婚時，我翻了一百個白眼。難道沒有受教育，就會找到一個無法依靠的另一半嗎？我在心裡又給了媽媽一個同情的白眼。

但媽媽還是嫁給了爸爸，並在二十二歲的青春時刻生下了我，接著是妹妹，然後弟弟，又在爸爸的自豪——男生下一個一定也是男生——保證下，生下么妹。

爸爸是個被寵壞的屁子，跟他爸爸我阿公很不一樣。阿公雖然工人出身，但受過部分的日本教育，是個識字人，因為日本戰敗，台灣被垃圾政府（我阿公都這樣說）搶去，所以沒有書念，加上家裡沒有錢，身為大哥的他，只好將田地交給弟弟耕種，獨自一人拋下新婚妻子，到台北「賺吃」，賺的錢一分一毫都寄回家。由於阿公技藝好，做人又踏實，所以有很多工可做，賺了很多錢，而心中最希望的，就是孩子可以讀書，然後坐辦公室。可惜天不從人願，獨子（我爸爸）讀起冊來就慼，只好國小一畢業，早早就跟著阿公做工。爸爸從小就覺得讀書很浪費錢，在他心中浪費的程度僅次於生女兒吧！總之，他很討厭書。

偏偏媽媽卻是個很愛閱讀的人，即使結婚後閱讀的書變成言情小說。就在我們這些孩子出生後，她存下了錢，偷偷買了一整套沒有注音的百科全書，藏在她的衣櫃裡面。

養育四個小孩很花錢，而當時爸爸一個月不過給媽媽三千元。那可不是十元可以吃一碗陽春麵的年代，三千元付完水電費瓦斯費就所剩無幾了。所以，我確定買書的錢一定是媽媽存的。

說起書，我只知道漫畫。姑姑家滿地是《靈異教師神眉》、《蠟筆小新》、《小叮噹》，所以我喜歡去她家。但因為不喜歡聽到親戚碎念媽媽，所以總是躲到樓上看漫畫。

弟弟生病期間，媽媽為了照顧他，必須常常往返於醫院和工作場所。照顧不了我們，就讓我們看電視或是看漫畫。不過漫畫也是要偷偷看的，不能被爸爸發現。所以，一直以來，對我來說看書是件非常隱秘的事，有點背德的感覺從書中滲透出來，透過指尖，順著血液，慢慢竄進臟器，劇烈的心跳與肚子痛（應該是緊張性胃痛，但小孩子都只會說肚子痛），一直到現在，都是我對看書的記憶。

媽媽的衣櫃，是神聖不可侵犯的，裡面藏著很多東西。我忘記為什麼書會被我發現了，就像許多文物的發掘，那些故事一定都是發現者自己想像的吧？這麼平凡的事情我怎麼可能記得！

唯一可以確定的一點就是，那套百科全書，是我發現的。「應該是給弟弟的玩具吧？那我要先用。」這樣的壞念頭逼我打開那些箱子——那些在媽媽衣櫃深處，用很多衣服蓋住的箱子。

我用牙齒咬下箱子上的膠帶。說是幸運吧？剛好打開恐龍世界之類的那箱。如果我一開始開啟的，是最下面那箱裡的太空之旅、太空梭的奧秘，那種我到了高中才總算知道它在寫什麼之類的書，那它沉睡的時間肯定會再加五年。

打開差不多半個身高的我的書，左上角是黑色粗粗的標題，大概一百五十字的概述，沒有注音。旁邊是小小的彩圖，圖片下面有更小字的說明。右邊有時候會出現一個圈圈接著一個箭頭，再一個圈圈。重複幾個圈圈後，最後是一張大圖。長大後，我才知道那是關聯圖。這樣一頁，我拿著小字典偷偷查，可以看上半天。小學放學後，直到大人回家，期間大概有三個小時。扣掉洗澡看卡通的一小時，大概只能看半面。有時看很快，因為我很生氣，所以只看圖，翻啊翻很快就翻完了。不過，往往還是妥協，再回到前幾頁，慢慢查慢慢看。就如同一借到漫畫，就想一次看完一樣，隨著認得的字越來越多，我越想看下一本，於是開始鋌而走險。

我存錢買了小手電筒（那時候的兒童節禮物為什麼不送呢），熬到爸爸洗完澡在客廳看電視的時候，偷偷躲到衣櫃裡，藉著微弱的黃光，小聲呼吸的看書。

「足ㄟ，聯絡簿拿來簽名。」媽媽的叫喚聲傳來了，我才依依不捨的把書跟衣櫃恢復原狀，把手電筒夾在褲子的鬆緊帶上，咚咚咚跑去簽名。

後來，我把書改藏到我們小孩的衣櫃，不料，某天半夜（其實只是八九點）偷看的時候，被裝睡的弟妹發現，為了堵他們的嘴，只好一起分享。當然先給我看過的，這樣我也才能教他們，不會被發現姐姐居然有不懂的地方。

我很愛讀書，覺得自己就跟阿信一樣有智慧。但我到底不是活在連續劇裡，也不可能那麼幸運。想了很久很久，國小畢業的時候，就跟媽媽說：「媽媽，我不想當阿信，比較一下，我比較會讀書。所以，投資我吧！我保證會賺錢養弟弟妹妹。」

媽媽聽了，總是哭喪著臉笑了：「我借錢也要讓你們讀到不想讀為止。」

最後，我研究所畢業，弟妹們也陸續大學畢業了，衣櫃裡的書（不是媽媽存錢買的，是借錢買來的）也緊跟著我們的成長速度，慢慢的溢滿了整個家裡。

書，非借（錢）不能讀也。

抉擇的兩難

說起來，我也不是一開始就想要好好讀書的。

畢竟只是崇拜國父孫中山跟先總統蔣公而已，他們也沒有說讀書真的很重要。只有告訴小朋友，要做大事，不要做大官。

做大事的方式有很多種，小時候，老師會教我們，要敬老尊賢，要尊師重道，要幫助弱小，還要買冬令救濟的郵票。冬令救濟的東西都很貴，也用不到。但是，如果沒有買，老師就會在全班面前問你為什麼不買。只有我一個人讀國小時，買冬令救濟的東西雖然貴，但還是負擔得起。但當弟弟生病，妹妹也開始讀國小的時候，兩個人買起來，就非常昂貴了。

「老師，我妹已經買了很多了。」這樣的藉口我也用過，但依舊沒用。

還是要再重申一次，我出生於民國七十七年，西元一九八八年。

在我小學一、二年級的時候，很流行一種筆。筆身是鐵的，看起來很有質感。筆芯另外販賣，做成筆管的形狀。使用時，只要將筆管插入筆身，就可以使用了。一支要價一百二十元，在當時根本是奢侈品。

我們家說不上窮也不算富有。我出生的時候，正是房地產的榮景年代。那時候，土木工人供不應求。每天都是大筆大筆現金入袋，幾乎沒有休息時間，一個月賺個十萬不是問題。當時，爸爸也賺得飽飽的。

爸爸從小就很受寵，也因為阿嬤死得早的關係，大家都寵著這個獨子的弟弟。因此，他不知道怎麼當爸爸，不知道什麼是負責一個家庭。

他賺他的，然後賭博、請客花掉；媽媽賺她的，負責撐起整個家。因此，家裡實在沒有太多錢。昂貴的文具玩具什麼的，我也從未擁有過。每週最大的娛樂，就是媽媽會帶著我們去書局，一人買一、二張貼紙，五塊錢那種，很像卡片大小的貼紙。蒐集貼紙，是我們小孩最大的娛樂。

然而，我實在太想要那枝筆了。媽媽說，我考試考好，她就買一枝給我。我努力的考，努力的考，最終我考了第二名。拿了獎狀回家，媽媽當天就帶我去買。我記得，我挑了一枝綠色的。

隔天一到學校，我就把筆拿出來跟大家炫耀。彷彿取得了最新流行品的屁孩，要從大家歆羨的眼神中，塑造自己的定位。下午第二節課下課，老師把我叫到辦公室去，跟我說：

「慧慈，人窮，就窮，沒關係。但不能因為窮，就偷別人的東西。」

我靜靜的看著老師，不知道她在說什麼。

「妳的筆，是偷陳同學的吧？」

「不是，是我媽買給我的，因為我考第二名。」

「說謊是不對的，妳這樣妳的媽媽會很難過，妳也不想被記過吧？」

「我沒有偷，為什麼要誣賴我？」

「慧慈，妳家是班上最窮的，妳媽不可能有錢買筆給妳。老師知道妳很乖，只是做錯事情了。陳同學說，只要妳把筆還給她，就沒關係。」

「真的不是我偷的，這是我的筆，我不要給她。」

「張慧慈，妳等一下馬上把筆拿去還給陳同學，跟她說對不起，然後用測驗紙寫一張悔過書給老師。不然就記過，聽懂了嗎？回教室去。」

我邊走邊哭，哭著回教室。班上的同學好像都知道了，以為是我偷陳同學的筆，但大家說什麼都不重要，因為我就要失去我的筆了。

我流著眼淚，把筆從我的鉛筆盒裡面拿出來，走到陳同學的位置上。我本來想要摔筆的，但因為是我的筆，我不忍心，就放在她的桌上。

「妳不說對不起嗎？」

「我又沒偷，為什麼要說對不起？」我轉頭瞪了她一眼，走回位置上。老師進來了，看了她又看了我，然後說：

「張慧慈，說對不起！做錯事就要說對不起，妳媽媽沒教妳嗎？」

「對不起。」

我回到我的位置上，打開課本。課本裡放了測驗紙。我從鉛筆盒裡面拿出了平常用的，一枝十元的免削筆，一字一句的寫了悔過書。

不知道錯在哪裡，但就是要寫。

隔天，把悔過書拿給老師。老師打開她的抽屜，拿出了我的筆，我綠色的筆。

「陳同學找到了她的筆，所以她還妳了。等一下去跟她說謝謝。」

把筆放進了百褶裙的口袋，輕拍確認它不會掉出來。走到廁所，把悔過書撕爛，沖進蹲式馬桶裡面，走回教室。

「謝謝妳還我筆。」

「不客氣，下次不要用那麼貴的筆，不然很容易被人以為是妳偷的。」

「嗯，好。」

我決定，我要當黑道，找人來打陳同學。老師還是神聖不可侵犯的，所以只要打陳同學就好。對於小學生來說，看到別人被打時，能夠說出「我去撂人來打你」，其實真的很帥氣。我覺得，這也是一種做大事。

我在國小五年級前，就是立志要做黑道。只是我也找不到門路可以變成黑道，畢竟當時沒有黑道的一〇四可以搜尋，要加入陣頭也沒那麼簡單。加上當時我已經是個小胖子，要當所謂黑道大哥（其實只是豎仔）的女朋友，也沒那麼容易。直到五年級，我三四年級最好的朋友，住在我家外面而已，傳說他是某個黑道老大的女朋友，我興奮到不行。雖然已經分班了，我跟這個朋友還是會每天一起上學，保持聯絡。即使我從未跟她確認過，她到底是不是黑道老大的女朋友，但我相信，她一定會罩我的。

但媽媽不知道為什麼，好像有心電感應一樣。某一天，我媽問突然我說：

「足ㄟ，妳是不是學壞了？」

我沉默沒有說話，只是頭低低的。

「如果妳想要走黑道，也不是不可以。」

「可以嗎？」沒想到我媽居然不覺得這個不好。

「媽媽現在給妳兩個選項，一個是走黑道，但要做就要做到黑道老大，不可以做小弟，那是等著去死的。另外一個，就是好好讀書，不管讀到大學研究所，都讓妳讀。」

我相信媽媽是認真的，她做很多事情都是強調身體力行。

有一次，我媽把所有小孩叫到廚房，跟我們說：

「瓦斯爐很危險，不可以亂玩知道嗎？」

轉身把瓦斯爐打開，把我們抱起來，手伸到瓦斯爐的附近說：

「很燙，不可以碰，知道嗎？」

我們所有的小孩嚇都嚇傻了，還真的沒有任何人主動去玩過火，連打火機都不敢玩。只是，我媽沒有想到，大概在幾年後，我小妹玩剪刀，剪掉自己小拇指的一塊肉；我拿美工刀切山竹，結果切到動脈，血噴出來，這類的事情會發生吧？如果她有想到，可能會加碼刀子示範課程給我們必修。

「我要讀書。」

我想了又想，當到黑道老大的機率太低了。在那之前，可能就會流血或是被砍死，還要幫忙去賣毒品之類的，太麻煩了。如果選擇讀書的話，不用太費力就可以達到，阿公還會給我錢去買書，還有獎學金可以領。以後，還可以坐在辦公室吹冷氣。而且，如果當老師，我是不是就可以回去跟老師說：

「老師，筆真的不是我偷的。」

一家子的南丁格爾

「我扮作聖誕老人，騎上我的摩托車，咻咻咻穿過街道，來到一座孤兒院。」

名偵探柯南，是一個外表看似小孩，智慧卻過於常人的高中生偵探。實在是太有名了，我就不用在這裡多贅述。這類作品最棒的就是，不管你是十幾年前就迷上，還是現在才剛剛迷上，柯南都還沒有變成新一。諸如此類的漫畫還真不少，像是櫻桃小丸子，還是三年級。金田一跟柯南還是東京雙煞，而且絲毫沒有成長。即使從小蘭姐姐到小蘭妹妹，從跟小丸子還有小新差不多的年紀，到已經可以生出一個小丸子加上一個小新，配成一個好字，只能自嘲可能要請子孫燒給自己完結篇。

我記得有一集是這樣，有一個男生，長得超級帥，好像交了一個女朋友，女朋友以為他出軌還是怎樣，就把氫化鉀放入他的飲料，然後帥哥就被毒死了。最後發現，這一切是誤會，其實那個男生是很愛那個女生之類的。我記得裡面有一幕，是帥哥打扮成聖誕老人，騎著摩托車穿梭在街道上，那一幕我印象深刻，因為帥氣的男孩騎著機車，微微憂鬱的臉龐掛著一點羞澀的笑容，對於當時還是國小孩子的我來說，就像是每個情竇初開的小女孩，心中都會有一個《小紅豆》裡面的勇之助一樣，青春羞澀。在那集卡通中，勇之助（是的，我就是要叫他勇之助）哼著一首好像是改編英文聖誕歌曲的歌，歌詞是這樣的⋯⋯

「我扮作聖誕老人，騎上我的摩托車，咻咻咻穿過街道，來到一座孤兒院。」

那時也就只哼著這幾句，便迅速切換到下一個場景了，然後他就死了。這首歌卻一直停留在我的腦海裡，即使我現在已經奔三了，還是記憶猶新。

一個帥哥，雖然是勇之助同款、初戀情人等級的帥哥，畢竟不是活生生的，影響力也沒那麼大。早期歷史能夠被留存，乃是因為先民不斷的口授，才得以世世代代相傳；一首歌，要能夠被記憶，除了歌詞發人深省，或是曲風琅琅上口外，還要有一些故事，才有辦法歷久彌新。對我來說，這首歌，我到現在還不知道英文原曲為何，卻從未離開我的腦海中，大概是因為它承載了我整個國中小的青春歲月。

弟弟很早就發病了，大概一歲半的時候，被長庚的醫師誤診為腎臟病。一個嬰幼兒，一餐吃了十幾顆類固醇的情況下，沒病也會有病。當時，弟弟發病的時候，一開始是聽信偏方。雖然媽媽不相信偏方，但所

我記得有一集是這樣，有一個男生，長得超級帥。
好帥
國小情竇初開
為了女朋友，今天扮成聖誕老人好開心喔！
他是我的勇之助
我扮著聖誕老人
騎著我的摩托車
咻咻咻穿過街道
來到一座孤兒院
啊啊啊啊啊
那時也就哼著這幾句，就迅速切換到下一個場景了，然後他就死了。
他死掉了啊啊啊啊！
不—!!
這裡一定有兇手！
到現在還記得的原因…
到底是因為帥哥所以有記憶點？
還是是因為歌曲有記憶點？
還是是因為勇之助就死掉有記憶點？
唔—
不知道—

有周遭的人都跟她說「這個比較有效啦」，或者是「不讓弟弟試這個，妳是想讓他死喔」，再加上媽媽賭一口氣的情形下，弟弟就這樣試了好多偏方，根本現代神農氏。

第一次去長庚，我幾乎沒有什麼印象。只知道當時還沒有健保，每次弟弟看醫生，都要花好幾千。剛開始，弟弟看起來好像很快就會好了，所以那時候爸爸是有拿錢付醫藥費。後來，發現弟弟越來越嚴重，媽媽只好四處借錢付醫藥費。

當時的生活很困苦，弟弟生病，最小的妹妹也大病小病不斷，媽媽只能一起照顧。當妹妹情況比較好以後，就換成我照顧。想想，我也只是一個國小還沒畢業的學童，面對一個嬰兒，我也是有心無力。但我不照顧，就沒有人會照顧了，所以我跟大妹輪流，照顧我最小的妹妹。

我也忘記那時妹妹幾歲了，或許是可以走路的時候吧，媽媽開始把妹妹一起帶著去醫院，兩個同時顧比較快，也省得麻煩別人。那時候，對於我跟大妹來說，自己照顧自己的吃食，是一件跟呼吸一樣稀鬆平常的事情。不用照顧最小的妹妹，已經輕鬆很多了。就這樣，一路到了我上國中的時候，弟弟轉診到石牌榮總，在百分之七十五要洗腎的機率下，遇到了林清淵醫師以及健保。

如果要說這世界上誰最捍衛健保，我大概是榜上有名。就像是子路跟子貢，一直說著孔子有多好多好，這麼的推崇。謝天謝地有健保，健保讓弟弟住院可以很便宜，減輕了媽媽的負擔，也讓我們其他小孩可以生活下去。借貸變少了，家裡的資源也就多出來了。

林清淵醫師，我們都叫他阿伯，一方面是因為阿伯真的很親切，一方面也是想要降低弟弟的害怕。弟弟這時候也開始回到學校上課，雖然總是上學一個月，住院兩個禮拜的那種。弟弟這種上課的方式，其實是跟不上進度的。看著他慘烈的成績單，曾經也是有商量，要不要讓弟弟休學，跟小妹一起就學。但弟弟不要，可能是因為自尊心的問題，最後我們也是慶幸沒有這樣做，他現在才能擁有他的好朋友們。但是，在當時我們是萬萬想不到這些的，只覺得這個弟弟很煩、很花錢、很不聽話。對於不大不小的我們來說，家有病童，會增加很多工作，以及搶走所有的資源跟關愛。我們沒有能力去設想一個孩子從小到大，吃下去的藥比吃過的薯條還要多，是什麼樣的滋味。

弟弟童年的滋味，可能是抽血的味道、驗尿的味道、醫院消毒藥水的味道或是無鹽料理的清淡滋味。他的記憶，或許是手上抽血的洞順著手背，好像毛細現象下的水痕一樣，逐漸爬升至手臂；有時候不夠用了，會往下到手指或者是腳背。又或許是一包包真的非常苦澀的藥粉，總是要配著甜甜的藥水吞下。長大對他來說，唯一改變的，就是藥粉變成藥丸，才發現自己吃下那麼多顆粒。流淌在他的身體裡面的，是一罐罐昂貴需要自費的免疫球蛋白，是葡萄糖，是各式治療的藥品；至於那些關於父愛、母愛、兄弟姐妹愛什麼的，母愛不變，父愛一直都未曾存在，我們三姐妹對於弟弟，大概只有無可奈何加上不耐煩吧。

弟弟的童年如此，我們的童年，或者說，是青春期，也是如此。

媽媽隨著弟弟的入學，也開始在工廠工作。工廠的薪水雖然低，但只要肯加班，就有很多錢可以賺。此刻，媽媽也總算明白除了自己以外，沒有人可以依靠。自己倒了，家裡也就倒了。一個三十歲左右的母親，就這樣無師自通，訓練了一家子的南丁格爾。

今晚你要點哪道？

「今夜のご注文はどっち?」

《料理東西軍》，應該是很多人小時候的回憶吧。主持人關口宏和三宅裕司，每次都會就不同的主題，找來日本各地專精相關料理的師傅。從食材的種植、取得到料理的方式，無一不是巨細靡遺。現在仔細回想起來，這根本就是最好的食農教育以及觀光推廣啊！但在當時，我大概只能記得每次草彅剛都沒什麼機會吃到。以至於後來在看《料理東西軍》的時候，我都不要跟草彅剛選一樣的，以免沒吃到。雖然我也真的吃不到，但跟著做做選擇，也過過乾癮。

我還能過過乾癮，我弟可就沒有什麼選擇的權利了。

大概是我國中的時候，弟弟就換到石牌榮總了。那時候捷運剛通淡水線，淡水線上很多人，特別是假日的時候，每個人都要去淡水，或是紅樹林；我們的目的地比較近，是石牌站。石牌的客家語大概是我學到的第一個，比「太嘎賀」（大家好）還要早學會的是「薩牌臧」（石牌站）。石牌站出來後，走過一整條馬路，走到快底後，就是兒童醫院了。一路上有鴨肉麵還有麥當勞，其實應該還有更多的店，但我也記不起來了。

夜晚，才是我們最常來到石牌的時間。

是輪班制的，很公平。

媽媽會提前告訴我們，這禮拜輪到誰去醫院照顧弟弟。輪到的值日生，會在週五晚上把功課、衣服之類的行李收拾好，等待媽媽從工廠下班。在這段等待的時間，我們會洗好澡、吃飯，能寫的功課就快點寫，這樣可以在書包多裝幾本漫畫帶去，以免無聊。

最常在醫院的是小妹，小妹沒有上幼稚園，跟弟弟一起讀安親班。弟弟去住院，我們去上學，媽媽去上班，沒有人有時間照顧小妹，只好讓弟弟照顧。所以，小妹最常出現在醫院。坐在家屬的躺椅上，或是病床上，跟弟弟聊天。弟弟手打著點滴，一邊要看著小妹。有時候小妹很調皮，會拋棄弟弟去病童娛樂間玩遊戲、看漫畫跟電視。但多半的時間，他們是形影不離的。一起吃病人的料理，一起在醫院冒險，一起長大。就像小時候坐在一前一後的娃娃推車裡。

長大後，妹妹才正式轉職為南丁格爾。

南丁格爾照料的是戰場上的士兵，得到了許多殊榮。我們照顧的是弟弟，至於殊榮什麼的，不要被罵就好。但如果要讓弟弟挑選誰是最佳照顧者，弟弟絕對沒有第二句話選擇的是小妹。

一二五的機車，我到長大後才知道，指的是最大馬力。小時候的我，以為一二五的意思是，時速一二五公里是這台車的極限，是我們兜風去兒童醫院的速度。

咻咻咻穿過街道，來到一座兒童病院。

通常是深夜，媽媽會帶著收拾好行李的我們去醫院。假日通常是媽媽多賺一點錢的時候，照顧弟弟的責任，交給我們就可以了。背著背包，坐上機車的後座。路上會買一些點心零食，以免晚上肚子餓沒有東西吃。

時速是非常快的，風是咻咻咻的割過臉、手等等一切露在外面的肌膚。透過媽媽的頸側，看出去的時速總是停留在一二五，上不去了，但速度是逐漸增快的。先是重新橋，再來是百齡橋，百齡高中，最後穿過捷運站，就會看到粉紅色的兒童醫院。從新莊到石牌，媽媽大概都是在三十分鐘左右抵達。這樣才可以跟弟弟多相處一陣子。

弟弟基本上是十分獨立的，很少看到他哭，不管打了幾管針都是。媽媽總是在醫院裡面，協助弟弟洗好澡後，給我們足夠的錢，反覆交代了三餐可以吃哪、可以去哪裡打發時間、要怎麼呼叫醫生護士以及怎麼發現是否有異狀等等，然後才依依不捨的飆車回家，準備隔天繼續在工廠加班。

通常媽媽走後，我就會跟弟弟兩個約定明天起床吃早餐的時間，然後拿出漫畫，在漫畫中睡著。

如果當天早上我有起來的話，就會跟弟弟去一樓的餐廳覓食。

我們最愛吃的是清粥小菜。弟弟打點滴以及長期服藥，嘴巴都是乾乾的。那些油膩的、乾澀的三明治吐司之類的，很難吞嚥，因此我們都吃清粥小菜。

媽媽留給我們的錢不多也不少，大概是一千到兩千左右，供我們兩個使用兩天。但是，我生性勤儉持家，所以，通常我都會收起一半，用剩下的一半來花銷。五百到一千左右，是兩天五餐的總預算。要怎麼分配，就是一門學問了。

早餐的預算是八十元左右，通常我們都選擇清粥小菜，一碗粥大約五元，通常是我們一人一碗。吃粥易餓，所以我們通常還會挑選小饅頭作為副主食，四個大約十元。小籠包是不可以選擇的，一個就要五元，太貴，如果要讓弟弟跟我吃飽，那大概要花掉一百元，超過一天一餐能動用的預算。

有了粥跟小饅頭，就要挑選一些味道比較重、下飯的配菜。

首先，一定會有素腰花。素腰花像是花枝一樣，白白胖胖的身體上有著一條條的花紋。這些花紋非常重要，它是讓醬料融入的渠道。甜鹹的醬隨著紋路染褐了腰花，讓腰花呈現焦糖般的色澤。這道比較費工夫的菜，要價也比較高，二十元。

接著，就是各自挑選自己喜歡的食物。我通常都是挑甜豆枝。一盤十元的甜豆枝，大概會裝滿一個麵攤豆乾海帶小菜裝的綠色圓盤這麼多。包入小饅頭裡或是浸入粥裡，都別有風味。特別是浸入粥裡。甜豆枝本來的口感是甜膩偏硬，在粥內浸泡後，吃到的時候，表層的甜已經散入在粥裡，主體因為在粥裡一陣子，口感更軟。淋上醬油的煎蛋，很像在吃醬爆牛肉，是雙重享受。有時候，也會選擇麵筋。麵筋跟甜豆枝的感覺很像，只是一鹹一甜，看當天早上心情跟口腔內的欲求來決定是麵筋還是甜豆枝。但不會兩者同時出現。

弟弟則是選擇脆瓜跟煎蛋。脆瓜跟煎蛋可說是最好下飯的兩道料理。脆瓜不用多說，就是日常農家餐桌上一定會出現的必備料理，大小就像是小朋友的小指頭中段，同樣是先放入粥內，讓過鹹的味道溶出來，才好入口。這道菜通常我不會讓弟弟吃太多，畢竟他是腎臟病，太鹹的東西應該避免才是。但醫院的脆瓜就是脆瓜，除了下飯以外，沒有太大的驚豔點，可能也是因為我們平時被外婆家的長脆瓜給養刁了嘴，對於純粹只有鹹味的脆瓜，是吃不下嘴的。

煎蛋的話，我們會刻意找尋蛋黃沒有熟的煎蛋，半熟的蛋黃，可以提升其他食物的層次與改變口感。像是浸到軟爛的甜豆枝或麵筋。退而求其次，會選擇蛋白特別大片的煎蛋，單純因為可以吃到比較多而已。

最後，剩下的十元，我們會選擇買飲料。飲料一定就是生活系列的飲料。說到生活系列的飲料，花茶、綠茶、珍珠奶茶，都是強烈對比色的圖案，我始終沒有搞懂那些色塊是什麼。但蘇格蘭紅茶就不一樣了，那可是充滿中古歐洲古典氣息的包裝呢！封面是一位穿著豐腴女神裝的女性，撥著豎琴，非常浪漫唯美。直到長大後，我才知道，那是慕夏的著作，夏天，是那個包裝的名字。

中餐大概就是吃餐廳裡的便當，或者是從捷運沿路走到兒童病院會看到的小吃店。但都非常的貴，因為鄰近醫院嘛。預算雖然已經拉高到一百元，但能吃的東西其實也就是一人一碗鵝肉麵，或者就是滷肉飯加一些滷菜，沒有太多選擇，還充滿著鹹味，對弟弟的身體造成比較大的負擔與傷害。

晚餐就比較精彩了。星期日的晚上，媽媽一定會買晚餐來，順便把我們載回家，因為隔天要上學。星期天省下來的晚餐錢，就可以配置到星期六來使用。星期六的晚上，端看弟弟那週有沒有抽血或打針。

有時候，弟弟會臨時要抽血或打針，我就會想說來犒賞他，帶他去吃麥當勞或者是醫院外面的百元牛排店。想要獲得犒賞，非常不容易。病人是不能任意外出的，外面的店家有些也不太喜歡看到打著點滴的病人來用餐。因此，要出去外面吃，要有一套完整的策略。

第一步，要先打完例行點滴。弟弟打完長時間的例行點滴後會有短暫的休息時間，讓藥力能夠起作用。在休息的時候，會卸下點滴，換成小針管黏在弟弟胖胖的小手臂上。這時候，我會讓弟弟穿上外套，偷偷的帶他走病床專用的電梯。如果走訪客電梯，就會被護士姐姐發現。

第二步，點菜後要坐到最角落去。在用餐時，難免會因為動作太大而牽動到點滴。有時候血液回流，在角落我可以稍微按壓針管，讓血液可以回到身體裡面。這些動作跟點滴最好都不要被店家看到，以免引起反感。

最後一步，是悄無聲息的回到病床。吃麥當勞的話，因為還是在醫院裡，頂多被罵一下。但吃牛排就不一樣，那是跑出醫院，會被罵到不行，還會加強監控。所以，吃完牛排後，我們會在入口的冷氣處站比較久，吹散身上的味道。一回到病床後，我會火速帶弟弟去洗澡，湮滅一切證據。

成功的達成上述的步驟後，最終總是會在驗尿時露出馬腳。尿蛋白試紙的瓶身，跟設計學系在用的 Pantone 色票卡很像，以色階排列來驗出尿液中的尿蛋白指數。顏色越趨近於綠色或是深褐色，就是尿蛋白越嚴重。每次都在隔天的驗尿中，看著顏色越來越深、越來越深，最後停留在某一種褐色，端看昨天有沒有多喝一碗玉米濃湯。無論如何，總是難逃被罵的結果。

這一招，三個南丁格爾都會用，可是，我們從來沒有反省過，這是屬於我們四姐弟的脫逃遊戲。

但說到底，讓弟弟來選的話，他可能比較喜歡小妹來顧。我來顧的話，大概只有第一天起得來吃早餐，第二天開始，弟弟就要去買早餐給我吃。越長越大、換到其他醫院之後，因為護士的看管越來越鬆，我也越來越常躺在家屬床上，使喚弟弟去買三餐。彷彿我才是病人一樣。而我依舊會留下一半的錢，作為我的零用錢，剩下的再妥善分配至每一餐。

大妹的話，原則上是不會醒來吃早餐的。早餐午餐什麼的，就是弟弟去買，然後自己吃，頂多隨手帶一個果醬三明治給下午起床的大妹吃。留尿、看診，弟弟會自己去。晚上再跟大妹去吃飯。讓大妹顧最大的危機就是會餓肚子，因為大妹是個不會分配預算的人，所以會帶弟弟去吃好料的，然後不小心就把錢吃光，餓個一餐兩餐等待媽媽去救援。

最稱職的南丁格爾小妹，會讓弟弟可以吃到妥善分配完整預算的三餐。相關看護的工作也都會做得好好的，弟弟基本上可以得到完整的照護。

弟弟曾經這樣說：「大姊就是讓我吃飽，二姐會讓我吃好，小妹讓我當個真正的病人。」

一日七餐

輪值要去醫院的生活，還算是有趣。沒有輪值到的小孩，就會在星期五一下課的時候，被大姑姑載去泰山的家，度過整個週末。

大姑姑比爸爸還大，小時候因為阿嬤很早就過世，家裡又窮，是吃番薯籤飯長大的那類孩子。長大後，勤奮賺錢，有了累積，便希望她的兄弟姐妹及其小孩都可以盡情的吃。因此，我們小時候，很常在姑姑家吃飯。而我們對姑姑的印象，就是她非常的愛吃肉，以及很怕我們吃不飽。

爸爸不是一個真的非常愛吃的人，但在我們的印象中，他就是一直在吃，吃光家裡所有的食物。或許是因為他怕我們吃，或者是怎樣，我從來沒有搞懂過。但小時候爸爸是常常請客的，只是對象都不是我們，他會請朋友吃薑母鴨、吃龍蝦，但不太喜歡看到我們在吃東西。所以，他總是犧牲自己，把餐桌上、冰箱裡、神桌上所有的食物吃光。

上了研究所以後，讀到關於工人階級的女性控制時，曾經讀到類似的一段：「女兒是父親的資產，女兒在婚嫁市場上是否具有價值，是非常重要的。」那時我一直以為是我們太胖，讓爸爸丟臉，所以他才會不喜歡看到我們吃東西。

但其實不是這樣，打從我們還是很瘦的時候，爸爸就不喜歡我們吃東西了。

我記得，那時候曾經發生這樣的故事。

有一個週末，弟弟沒有去住院。大姑姑邀請我家、二姑姑、小姑姑全家到她家吃飯。在姑姑家，多半都是吃炒米粉配菜頭湯。大姑姑的炒米粉，總是怕肉不夠似的，整鍋三層肉條的比例，跟米粉簡直一樣多。搭配上切得細細的高麗菜絲、胡蘿蔔絲以及蝦米，用醬油調色調味。我很討厭吃胡蘿蔔絲，姑姑切得太細了，我挑不出來，只好用肉條夾住，憋住呼吸吃進去。不像弟弟那麼勤勞，為了不吃香菜跟蔥之類的配料，可以把肉羹裡面所有的香菜跟蔥，一片不留的挑出來。

菜頭湯也是一樣，菜頭跟排骨、貢丸的比例基本上是一樣，在湯鍋裡面要撈到菜頭的難易度，跟不要撈到貢丸或是排骨的難易度有得比。菜頭湯不比阿公最愛吃的皇帝豆湯，皇帝豆會沉在湯底，所以還可以順

大姑姑的炒米粉，總是怕肉不夠似的，整鍋三層肉條的比例，跟米粉簡直一樣多。
搭配上切得細細的高麗菜絲、胡蘿蔔絲以及蝦米，用醬油調色以及調味。
開動囉！
肉條
肉條
肉條
肉條
我很討厭吃胡蘿蔔絲，姑姑切得太細了，我挑不出來，只好用肉條夾住，憋住呼吸吃進去。
胡蘿蔔…用肉條夾著吃好了。
嗚
你在做什麼！
香菜&蔥
菜頭湯也是一樣，菜頭跟排骨、貢丸的比例基本上一樣。
哇啊
根本轉不動啊啊啊
好滿!!
足仔！不可以不吃貢丸喔！
可是我只想吃菜頭啊！
不准挑食！
…

利撈出，菜頭跟貢丸都會浮在湯上，如果被姑姑看到我們只撈菜頭，她還會生氣。

所以，在大姑姑家吃炒米粉，就是兩張拜拜常用的那種摺疊塑膠桌，上面擺著兩個洗澡用的鐵盆，一盆炒米粉，一盆菜頭湯。後來在廟口造勢晚會場上，看到提供給選民，一樣用臉盆裝的炒米粉跟貢丸湯時，還會想到以前在大姑姑家吃飯的場景，只是裡面的料永遠都是米粉比菜還有肉多，菜頭比貢丸多就是了。

說到有很多肉，就不禁想到大姑姑的大兒子，也就是我們的大表哥結婚的場面。大表哥是在我高中時結婚的，喜宴封住姑姑門口的巷子，擺的是流水席，菜色可以自己決定的那種。因為辦在週間，一下課後穿著制服就去大姑姑家了。先向大表嫂說些喜慶的話，然後拿個一百元紅包，就到外面準備開桌。

流水席通常都是十道主菜加上一道水果，最後來個情人果加上罐裝伯朗咖啡，就可以結束這個回合。有時候還多到可以打包，呈現台灣最美的風景。

大姑姑是一個小時候很少吃到肉，長大後對肉有點小小堅持的中年婦女。喜宴的每一道菜色，都是姑姑精挑細選的。

第一道菜是冷盤，有沙西米、罐頭鮑魚片的那種，很普遍的菜色。第二道菜是烤豬肋排，烤得油亮油亮、褐色的豬肋排，底下還包裹著鋁箔紙避免弄髒手指。雖然大姑姑家是做搪缸的，清潔用品一應俱全，但還是很貼心準備。第三道菜是烤羊小排，比起豬肋排，顏色較為深一點，但一樣有鋁箔紙讓大家省去洗手的困擾。第四道菜，是米糕。米糕上面放的不是紅蟳，是肉條。我看著妹妹，妹妹看著我，我們覺得好像在吃彌月油飯盒，上面還放著雞腿。第五道菜是雞湯，雞湯就是雞湯，是平常的雞湯。第六道菜是腿庫，腿庫又大又肥，都快遮去旁邊用來配色的青江菜了。第七道菜一如既往的是佛跳牆。佛跳牆也是姑姑的拿手菜色，每年姑姑都會自己煮好幾甕，然後分送給兄弟姐妹。裡面的料超高級，都不怕我們吃垮。第八道菜是鐵盤煮魚，下面有放一塊粉紅色酒精膏的那種，吃臭臭鍋有時也會出現。這道菜的上場，大概也是預測後面會上來一些比較溫和的菜或是竹笙豬肚湯，讓胃可以稍做休息，也宣告本日喜宴即將結束，請賓客開始索取透明塑膠袋，準備打包未吃完的菜色，回去重新熱過，又可以再吃兩三天，讓紅包值回票價。

第九道菜，是炸雞排。

炸雞排，是台灣的特色小吃。炸雞排肉質厚實，咬下去噴出的雞汁，有時會燙傷舌頭，但還是不減對其的熱愛，是許多外國觀光客來台必吃的美食，也讓士林夜市變得名聞遐邇，可以說是台灣之光。但是，畢竟不是一道會出現在喜宴中的菜色。或者說，不應該在倒數第二道菜時出現，讓人以為自己來到夜市準備續攤。最後一道菜是竹笙豬肚湯，如果裡面沒有一大塊一大塊的排骨的話，我會以為自己真的在吃竹笙豬肚湯。

不知道流水席的大廚，是不是覺得今天的菜色是要跟吃素的人家ＰＫ的。但對我們來說，大表哥的喜宴是我吃過最狂的喜宴。裡面擁有的肉類蛋白質，不輸給過年啊。

大姑姑就是一個肉食系女子。

「愛呷就呷卡多勒，免驚，有很多。」這是大姑姑的口頭禪，尤其是看到我們在吃她準備的食物時，特別的開心。

我們不能慢慢吃，因為爸爸快來了。或許當時現場其他的親戚朋友覺得我們很沒有家教，但那是因為他們不知道，我們也懶得解釋。總之，要吃快點。

「大家攏底家啊，今仔日是呷炒米粉？」爸爸的聲音響起，就像是指揮的手往內往上收攏，宣告樂曲的結束。

我們同時放下筷子，停止任何進食的動作，站到離爸爸最遠的地方，看著地板，站著。但弟弟動作太慢，還沒吃飽的他，突然就哭了出來。

「阿銘啊，哪ㄟ哭了啦，緊呷緊呷，沒人尬你搶。」大姑姑安慰著弟弟。

「大姐，我就尬妳講過，他們的爸爸不尬意孩子們呷飯啦。」媽媽解釋。

「阿雀仔，妳真的都在黑白講話，我哪時不乎孩子們呷飯。」爸爸生氣反駁。

「阿無孩子為什麼看到你來就不敢呷，擱底那裡哭？」

又吵起來了，爸爸跟媽媽。在我記憶中他們就是一直在吵架，家裡吵，到外面也吵，有時候覺得他們就是喜歡吵架，吵架可能是他們的溝通方式。但這個時候我都會轉頭瞪弟弟，覺得都是他的錯。所有小孩都知道要吃快一點，只有弟弟跟不上節奏，害所有人都被罵，很丟臉，真是個笨蛋。

所以，弟弟不在的時候，我們去大姑姑家，都會狂吃。

早上七點多起床，大姑姑會先帶我們去市場吃肉羹麵，一人一碗。濃稠的肉羹湯加上油麵以及豆芽菜，熱氣逼人，但好吃到不行。吃完以後，會買一瓶冬瓜茶給我們喝，然後我們會幫大姑姑做一些簡單的家事，接著就去大表哥房間看漫畫。大約十點的時候，會吃大姑姑買回來的切盤雞肉當作點心，不吃還不行呢！

中午因為大姑姑他們要忙著做生意，我們會去巷口買自助餐或是便當回來吃，一樣是一人一份，都不會餓到。吃完後，我們會繼續看漫畫，或是跟表哥表姐玩拼圖，累了就會去睡覺。下午大概三四點的時候，大姑姑會叫大表哥帶我們去吃麥當勞，一人一份雞塊餐那種。我都選擇檸檬紅茶，因為可樂太刺激了，我會有點害怕。吃完以後，在巷弄內騎腳踏車、玩躲貓貓或是跑來跑去。剛好遇到賣芋冰或是香腸的，大表哥還會買給我們一人一支，上面都有兩球冰，我都選芋頭跟花生。有時候大哥對賭贏了，我們還會有香腸可以分著吃。

晚上的時候，大姑姑會帶我們去巷口吃我家牛排或是貴族世家。我們是不點兒童餐的，都是一人一份排餐，然後吃很多大蒜麵包或是飛機餅乾，吃得肚子都突出來後才回家。

回家後洗完澡，會一起在三樓唱卡拉ＯＫ或是看電視，八九點的時候，還會有水果或是鹽酥雞當點心，完全像是神豬養成計畫的飲食方式。每個週末，甚至是整個寒暑假，我們的身材也就像吹氣球一樣，碰的一聲，變成一顆顆、圓滾滾的。

有趣的是，跟我只差半年的表姐，卻依然瘦瘦的。一日七餐，她可不加入。

一代不如一代

表姐不是不加入，是她覺得在家裡吃飯太過沒有競爭力。沒有競爭，食物就不那麼美味了。

媽媽有空的時候，會在家裡料理紅燒肉。媽媽做的紅燒肉非常好吃，每次只要開始料理紅燒肉，表姐就會聞風而至。

家裡經濟並不寬裕，想吃什麼，常常都是媽媽想方設法變出來給我們吃。同樣的材料，自己料理總是比較健康又省錢。

媽媽做的紅燒肉非常好吃，特意挑比較不肥的三層肉，怕小朋友因為不吃肥肉而對這道菜沒有好感。然後，準備醃料。

醃料沒有很複雜，用蒜頭、糖、酒、五香或肉桂，加上素蠔油，比起醬油更不死鹹，也更適合有腎臟病的弟弟。然後，醃漬一個小時左右。接著，將從雜貨店買來的紅色食用色素與番薯粉混合。把醃漬成鹹甜味十足、帶褐色的三層肉，沾裹混合好、粉紅色的番薯粉，放入油鍋內，用小火慢慢炸。直到筷子能直接穿透，就可以起鍋了。

起鍋後的紅燒肉，稍稍放涼後，切片。紅的外皮酥脆，白的內裡軟嫩，咬下去還會溢出肉汁，甜香甜香的。

怎麼樣都吃不夠。

表姐也很喜歡吃紅燒肉，在大姑姑的家裡，表姐都吃很少，一點點就不想吃了。但到了我們家，就會胃口大開，大姑姑也很開心，特別喜歡表姐來我們家吃飯。我們跟表姐的感情還不錯，大概是因為年紀接近

媽媽做的紅燒肉非常好吃，特意挑比較不肥的三層肉，怕小朋友因為不吃肥肉而對這道菜沒有好感。
蒜頭
酒
糖
不用醬油對弟弟的身體也比較好！
期待
期待
素蠔油
五香或肉桂
把醃漬成鹹甜味十足、帶褐色的三層肉，沾裹混合好、粉紅色的蕃薯粉，放入油鍋內，用小火慢慢炸。
起鍋後的紅燒肉，稍稍放涼後，切片。紅的外皮酥脆，白的內裡軟嫩，咬下去還會溢出肉汁，甜香甜香的。
表姊也很喜歡吃紅燒肉，在大姑姑的家裡，表姊都吃很少，一點點就不想吃了。
可是舅媽做的紅燒肉好好吃！
喜歡就多吃點！
你們等表姊吃完才能吃喔！
呵呵
....
所以，每當要吃紅燒肉的時候，我們總是討厭起自己的親戚。
好少…
別囉嗦了！
快吃！
唔—

吧？只是紅燒肉有限，爸爸卻總是要我們在旁邊不准吃，直到表姐吃到不想吃為止。但爸爸會跟著表姐一起吃，還一直吃。每每輪到我們可以吃的時候，剩下的都不到四分之一了，四個小孩分著吃，真的很少。所以，每當要吃紅燒肉的時候，我們總是討厭起自己的親戚。

論起料理的美味程度，媽媽還是比不上外婆的。

以前每年總是會在初三左右去嘉義外婆家吃飯，有時候會過一夜。之所以是初三，是因為初二要回娘家，所以媽媽必須要留在雲林老家，準備食物給回娘家的姑姑們吃。小時候會為媽媽打抱不平，被罵了幾次以後，也就懶得說什麼。只是影響到現在，反倒是我們越來越不想回鄉下了，畢竟除了準備拜拜、煮飯很累卻要等家中所有男人都吃完才能上桌吃飯的回憶以外，沒有太多的想望。唯一值得懷念的，就是去外婆家，看著大灶爐，吃著外婆煮的美味佳餚。然而，外公外婆現在也已經遷居到桃園。鄉下，就讓人沒有任何盼頭了。

去外婆家吃飯的規矩不多，無論男女，肚子餓了就可以吃飯。要吃多少，外公外婆都不會有隻字片語。雖然我們跟外公外婆不熟，但始終是放鬆的。

大概在三年級左右，會有一個奇妙的考驗。考驗當天，我們會有美味的清粥小菜作為早餐可以吃。粥是濃稠的粥，熬得爛爛的。搭配上外婆炒的菜、燉煮魚以及長條的醃脆瓜，特別美味。

尤其是醃脆瓜。

醃脆瓜是一整個用紅色蓋子塑膠桶裝的，黑色的醬汁裡面，躲藏著好幾百條醃脆瓜。細細瘦瘦的，不會很鹹，卻更加清脆。一筷子下去，沒有夾不到的。我們常常一碗粥配上兩三條醃脆瓜，媽媽也不會阻止我們，讓我們敞開來吃。

大概是中午的時候，外婆會煮一大鍋虱目魚湯。還有幾道看起來美味十足的農家小菜，一定會有的是筍絲燉肉還有香腸，以及一大鍋的飯。

當考驗開始的時候，是不能上桌的。外婆會舀一塊切片切半的虱目魚到盤子上，考生孫子孫女們圍坐在餐桌旁邊的小桌子，安靜的坐著，面對著一桌豐盛的料理。

「這塊魚吃光，就可以吃飯。沒有吃光，接下來幾餐都只能吃這塊魚。」

「虱目魚刺好多。」

「虱目魚會吃了，其他魚都不用怕。被魚刺鯁到了再叫阿嬤來。」

一開始，大家是不願吃的。小朋友都怕魚刺，哪一個不是嬌生慣養的，總是父母把刺挑好才讓吃下肚。但此刻，把小孩惜命命的、外婆的孩子、我們的父母，會當作沒看到一樣，在客廳聊天看電視。就算哭了也不管。

「哇，鯁到了啦。」不知道是哪個人先哭出來，把外婆引來。

「旁邊的飯大口吞進去。」外婆添了口飯，這樣說。

魚刺危機解除，考驗仍舊繼續。

僵持了一兩個小時，小孩子們陸續妥協了。

我把刺一根一根挑出來，然後把碎魚肉吃進去。吃了一半，外婆走到我旁邊。

「慧足，妳這樣要吃到什麼時候？沒有發現刺都在哪一邊嗎？」

聰慧的大食怪如我，很快就發現，刺是沿著邊緣生長的。一根主刺會在體內分岔出三根細刺。三根細刺會再分岔出三根，形成一個樹狀。只要把主刺從外緣拔出，就會牽出一片刺，危機就解除了。

很快的，我就可以在不被刺鯁到的情況下，吃下一片片完整的虱目魚肉片。給外婆鑑定過後，就加入了吃其他餐的行列了。

這招對我們家有用，對聽話又怕餓的小孩有用，但對餓肚子就哭，就會有父母來惜惜的表弟表妹來說，可就不一定了。我只知道，還是有很多小孩沒有通過考驗，在其父母擔心之下，直接棄權坐上餐桌吃飯了。

縱使我們那麼乖巧，但終歸父母的感情是不好的。媽媽雖然沒有跟外婆哭哭啼啼，但過得不好，外婆外公也是看在眼裡，疼在心裡的。

「恁媽媽不甘放捨恁四個，現在才不敢離婚，恁拖累她了。」

打電動的孩子考得很好

外婆的那句話，現在想起來也還是會鼻頭酸酸的。對於小孩子來說，父母是無法選擇的。在那個時候，我真想像馬景濤一樣，跑到外面的田地，淋著傾盆大雨，跪在地上仰天長嘯，大喊：「怪我嘍？」最終我還是默默的低下頭吃飯，然後靜靜的長大了。覺得沒有人愛我。

國小就有電腦課了，那時候上課是每兩個人用一台電腦。電腦螢幕還是很大台的那種，老師可以時不時切換到他的桌面，教一些Frontpage 網頁製作之類的。課程結束後，可以每兩個人一組，玩附屬應用程式中，遊樂場裡面的踩地雷。當時，假日還是會偶爾去一下大姑姑家，表哥表姐有時候會很好心的借我們玩電腦。他們家的電腦很棒，在買的時候，店家就讓他們選三個遊戲安裝進去。其中一個就是歷久彌新的「仙劍奇俠傳」，但我永遠都沒有玩到結局過，因為存檔總是被覆蓋。

在我國小的時候，很流行聊天室。表姐常常會叫我幫她取名字，我取得名字很容易有男生來敲。

「安安，華裔女孩，今年幾歲呢？」

私聊是桃紅色的底色，在黑色的背景上，散發出一種大人的氛圍。當時我不知道聊天室到底是要幹嘛，只知道聊到最後都會變成在聊一些帶點色情的話題，或許也是一種探索成長的過程。只是我跟表姐就只有聊天，沒有跟網友出去什麼的，畢竟只是國中生。雖然學校裡面一直在流傳有同學在進行援交、墮胎等行為，學校也不斷呼籲，但終究沒有親眼見過，也就當成故事聽聽罷了。

國中時，電腦開始普及，寬頻網路也取代撥接網路，上網變得方便又比較不昂貴。隨之而生的 Online Game 以及網咖，也佔領了國中國小生的空閒與睡眠時間。我，當然不落人後。

我們班非常特別，是全校三年級人最少的一個班，只有三十二人。在這麼少人的班級中，我們有七組班對，跟校外人士交往的還不算在內，感情的糾紛以及父母的怪罪，就讓老師疲於奔命。國中時，一樣是長得好看、會讀書、會運動的人吸引女生的目光，只要能夠勾到上述的任何一個，就可以了。因此，那時候在班上萬年第一名的男生帶領下，全班都安裝了同一款遊戲。同期有名的遊戲很多，最有名的當屬天堂與RO，但我們班玩的是一款韓國製的線上遊戲。當時不像現在的手遊，要儲值買點數才能在商城消費，常常被戲稱為台幣戰士。我們那時候是包月，沒有包月，連遊戲都打不開。當然也有台幣戰士，只是都是線下交易，買的是武器之類的。單純包月的玩家，就是努力的掛網，用力的掛網，讓武器的熟練值提高，就可以取得優勢。或者，在線上交個網公、網婆，互相幫對方練等。女性比較容易找到網公，所以班上很多男生也會玩女角。

剛開始，幾乎全班的人都在玩。但小孩子總是對事情喜新厭舊，沒有多久，就只剩下不到十個人在玩了。而這些還堅守遊戲的人，恰恰就是班上的前十名。現在回想起來，我覺得除了我跟第一名，還有當時我最好的朋友，也是第一名的仰慕者的小君以外，其他人應該不是真正對遊戲有興趣，只是想證明「我玩遊戲也可以在前十名」吧？但無論如何，在當時我是真心迷戀這款遊戲的。

我最好的朋友小君，當時因為家裡有點問題，在我家住了一整個月。那一個月中，常常我玩到十一點多左右，把要掛網的怪拖到安全的角落後，就去睡覺，避免爸媽在那邊碎念，甚至斷我的網路。而大概一、二點小君會起床偷偷玩；大概一兩個小時後，她會叫我起床接手。大概玩到早上六點多時，我會趕快回去睡覺，以免被發現。後來因為精神實在變得太差，才被媽媽發現。即便如此，我還是跟媽媽說：「我玩遊戲歷史跟地理都變得超好的，因為裡面的地圖都是中國地圖，要忘都忘不掉。」試圖以此來合理化自己玩遊戲的行為，並且讓爸媽不會斷我網路。

不管是聊天室或是ＩＣＱ，玩線上遊戲或者加入陣頭，都是一種找

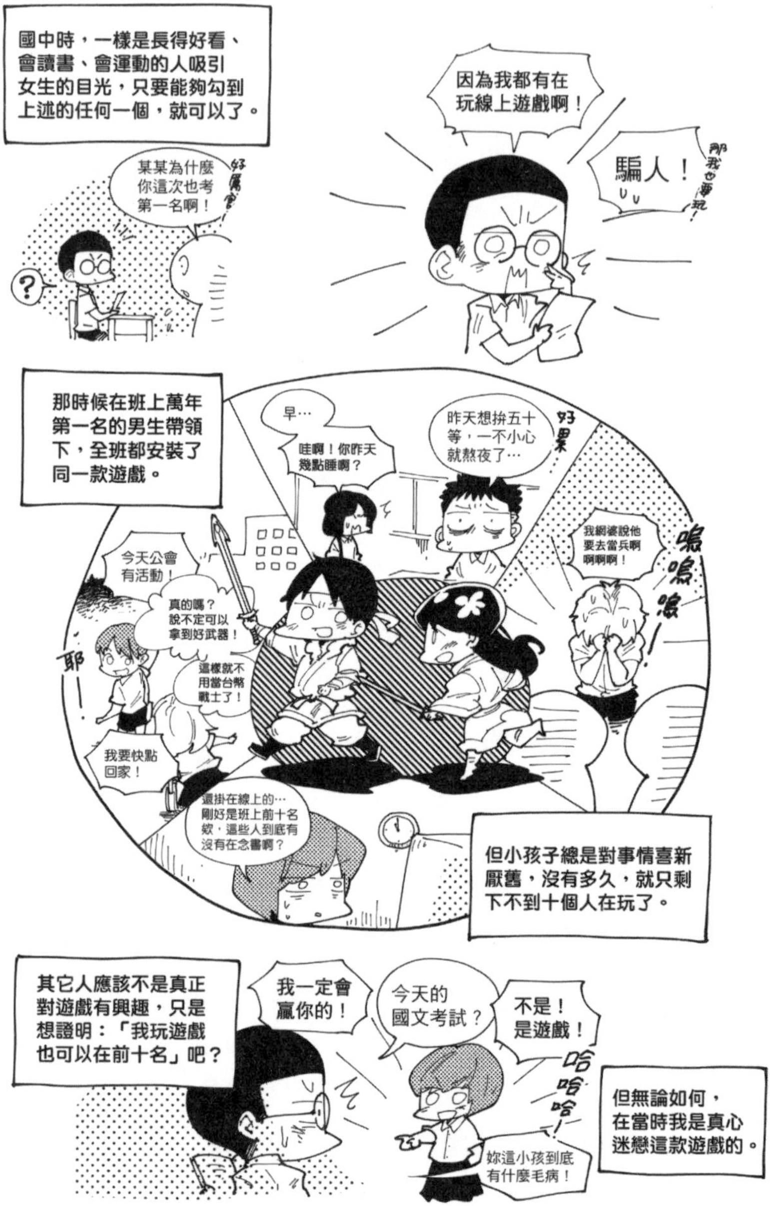
國中時，一樣是長得好看、會讀書、會運動的人吸引女生的目光，只要能夠勾到上述的任何一個，就可以了。
某某為什麼你這次也考第一名啊！
好厲害！
?
因為我都有在玩線上遊戲啊！
騙人！
那我也要玩！
那時候在班上萬年第一名的男生帶領下，全班都安裝了同一款遊戲。
早…
哇啊！你昨天幾點睡啊？
昨天想拚五十等，一不小心就熬夜了…
好累
我網婆說他要去當兵啊啊啊啊！
嗚嗚嗚！
今天公會有活動！
真的嗎？說不定可以拿到好武器！
這樣就不用當台幣戰士了！
耶！
我要快點回家！
還掛在線上的…剛好是班上前十名欸，這些人到底有沒有在念書啊？
但小孩子總是對事情喜新厭舊，沒有多久，就只剩下不到十個人在玩了。
其它人應該不是真正對遊戲有興趣，只是想證明：「我玩遊戲也可以在前十名」吧？
我一定會贏你的！
今天的國文考試？
不是！是遊戲！
哈哈哈！
妳這小孩到底有什麼毛病！
但無論如何，在當時我是真心迷戀這款遊戲的。

尋慰藉跟證明。自己說的話，甚至是自己這個人（就算只是身體），是有人渴望的、有人傾聽的。在國三上學期末，我交了個男朋友（網友）。

網友應該是很嫻熟於交往遊戲中的妹妹吧？在遊戲裡面練女性角色，特意接觸國中女生。徹夜打電話來聊天，但那種偷偷摸摸講電話的感覺，至今還是令人心癢。電話打沒幾次，就約出來見面了。地點約得也很好，就約在西門町，這個國高中生最愛出沒的地方。

MTV對於很多人來說，就是個約會或是聚會的地方。在西門町有兩間，一間在萬年大樓，一間在哪裡我也忘了。搭乘電梯到了店門口，進去是非常明亮、旁邊有著一排排影碟的大廳。沒有人在乎看的是什麼電影，或許有人在乎吧，但絕對不是當時的我跟網友。隨便點了一部鬼片，就進包廂了。包廂不大，最裡邊是三面靠牆的沙發床，上面有枕頭跟被子。床下是椅子跟桌子，床的正前方是螢幕。

電影開始放映前，服務生會先進來問要點什麼飲料。每一部電影會搭配一杯飲料，飲料的種類不多，大抵就是吃早午餐附贈的紅茶、綠茶跟奶茶，奶茶還是奶精或是奶粉泡出來的那種。點單後不用五分鐘，服務生就會敲門放在桌上。之後，除非你超過太多時間，不然服務生不會再進來。至於為什麼不會再進來，當然有其原因。

電影的開頭我從來沒有印象，唯一有印象的，就是奶茶的化學味道，以及網友，或者說，當時會以為是男朋友的唾液味道。奶茶的味道很甜，冰塊融掉後會變得非常難喝，有種奇怪的黏稠味。唾液是帶著菸味的。爸爸跟叔叔的菸味；男同學身上去味香水混合的菸味。這些我所討厭的、象徵是壞學生的、帶著負面價值評斷的，菸味。沾染菸味的我，也是壞的吧？

想來也是幸運，或許是因為當時真的也不可愛，沒發生什麼過激場面。一開始任由男朋友摟摟抱抱，心裡隱隱覺得害怕，但還是虛與尾蛇。

到後來連假裝都懶，直接拒絕對方，純粹很認真的看電影。

我一部電影的內容也沒記起來，第二次的邀約過後，就心生厭煩了。只是當時年紀太小，對方又是成年人，怕死又怕被打的我，也不敢太過拒絕，只能一直扮演令人討厭的某種國中女生type，來保全自己。

若要說唯一有印象的，大概就是第二次去MTV，上廁所回來後，透過小窗戶，看到兩具赤裸交纏的肉體。更戲劇化的是，其中的男主角，是我的親戚。我忘不了他的肉色屁股，也害怕我是不是會跟他一樣，被誰看到，被誰掌握了什麼秘密。秘密握在某一方手上，會是種力量。我發現了這個秘密，力量就在我身上。或許有一天，會派上用場。

看完了網友買的十張套票，總共五次，就再也沒見面了。

過年回到鄉下時，網友打給我，被姑姑接到。姑姑問我打來的男生是誰，我說：「男朋友」。頭一次看到姑姑跟爸爸眼神中的正面讚賞。

被愛是種價值論斷。

聖地朝聖

中斷了聯繫，並不是因為我玩膩遊戲，也不是我已經取得被愛的資格證書。最大的原因，非常庸俗的，是我掉到了第四名。

畢竟已經國三了，我不能辜負媽媽拚命工作所賺來的補習費，也不能浪費補習班主任特意讓我分期付款的心意。萬般衡量之下，我毅然決然的刪除遊戲，刪除電話，投入考生生活。幸運地，我考上了北縣一中。

國中跟高中是一個非常大的分水嶺，越是遠離市區的學校，越有這樣的感觸。國中小的朋友，他們的家庭都跟我差不多，多半有兄弟姐妹，是工人階級的家庭，也多半來自雲林嘉義。高中就不一樣了。我不是讀資優班，但班上幾乎所有人的父母都有高中以上的學歷，且多半從事公教工作。獨生子女的人數也急遽增加，手上能用的零用錢也多了不少，有些甚至上看上班族的薪水。

父親國小畢業，母親國中畢業，一個做工，一個在工廠上班。這樣的家庭背景，我真的很難開口。即使我知道媽媽很辛苦工作養我們，父母親學經歷不好，我還可以上北縣第一志願，其實已經贏過很多人了。然而，還是難以啟齒。甚至連家庭狀況調查表我都不想寫，拚命的從字典、網路上，搜尋可以美化做工這類工作的詞彙，試圖透過文字提升家庭背景，讓自己不那麼與這所學校、這個高級的社會格格不入。

兢兢業業於這樣的工作，當然佔去了我所有的心神。第一次段考，我考了全班倒數第十一名，險些要被寄成績單回家的危機嚇壞了我。支持我讀書的人不少，但認為讀書沒用的人，卻擁有絕對發言權。就跟聯合國安全理事會擁有一票否決權的五個常任理事國一樣。爸爸就像中國，中國不願台灣獨立，爸爸倒是希望我可以快點經濟獨立，最好國中畢業就去工廠工作。幸虧我考上的是北縣一中，在家族中可說是出類拔萃，可能以後再也無法出現第二個子孫，我才獲得了除了媽媽以外，三個常任理事國的特別准許，讓我能夠就讀高中。

高中的學費比國中小多出很多，但經濟從來都不是問題，對於性別、喜愛程度，才是影響我們能不能讀書的關鍵。即使國中導師曾經私下約談我，表達她願意為我出學費的想法，都不能撼動爸爸希望我經濟獨立的決心。獲得這樣的機會，如果希望變成常態，希望兩個妹妹也都能讀書，那我就必須表現得更好。唯有表現得好，我的兩個妹妹才能繼續升學，才有機會翻轉人生。

因此，我還是努力了一番。幸好我是一個懶惰到不行的人，為了節省看書的時間來看漫畫，我鑽研了考試和讀書技巧，從此便保持在全班前十名，取得後備資格權，保障了妹妹她們讀高中的權利。

漫畫之於我，如同可蘭經之於回教徒一樣，那般的必須奉讀與不可毀去。

我印象中媽媽一直都很忙碌，沒有時間照顧我們，沒錢帶我們出去玩，唯一的休閒娛樂，就是帶我們去買貼紙跟借漫畫。貼紙大概蒐集到國中就沒有興趣了，但漫畫倒是一直存在於我的生命中。當時媽媽讓我們能看的漫畫非常有限，到我小學五年級之前，我在漫畫店的借閱紀錄只有恐怖漫畫。

我媽可能潛意識太怕小孩變壞，給我們接觸的東西都很賞善罰惡。

試問一九八〇年代出生的人，有誰國小的娛樂是聽講古，還都是一些《目蓮救母》、《賴布衣傳奇》之類的。在我還沒發現衣櫃裡的藏書時，我主要的讀物是《護生的故事》之類，警告要孝順、不要浪費食物等主題，嚇死寶寶了。

即便媽媽強調，她並沒有刻意要限制孩子看哪類型的讀物，但當時我們都被帶去恐怖漫畫區，挑來挑去就是比較不恐怖跟看不懂的恐怖漫畫而已，畢竟錢在媽媽手上，半點不由人啊。

那時候常看的是犬木加奈子跟伊藤潤二，相較之下，《靈異教師神眉》根本就是小兒科。伊藤潤二真的是一個很有才的人，常常把一些社會現象用恐怖、光怪陸離的方式描述出來。筆下的主人翁，像是深受歡迎但總是被殺害的富江、形跡古怪但赤子之心的雙一，都非常的有個性，也讓人在長大後突然意識到：「這不就是富江／雙一嗎？」而犬木加奈子曾經描繪的漫畫《恐怖家族》，裡面母親對於兒子予取予求照單全收所導致的結局，根本是當代怪獸家長與怪物孩子的故事。當發現自己以前看的每一部漫畫都很有寓意、很有哲理時，就會很想搖晃著媽媽的肩膀說：「Good Job 啊！媽媽。」

其實小學五年級前也不是沒有機會接觸到恐怖漫畫以外的讀物，只是媽媽那時候會買或租的都是林白出版社的小說，封面就是男性穿著白色絲綢襯衫，露出胸膛，緊抓著穿著小禮服的女性，而且一律都是西方金髮碧眼。《情海尋愛》、《風暴中的歸航》、《蘭閨情怨》那種我連書名都念不太出來，裡面充斥著處女情結、霸道男性好帥氣的劇情。重點是，沒有注音，我閱讀不行。

上了國中以後，我就拋棄恐怖漫畫，只看少女漫畫，做純潔綺麗的幻想。直到基測結束，赫然發現，為什麼少女漫畫的劇情開始有SOP，「認識、上床、戀愛、結婚」。雖然很符合當時社會的狀態，但確實令人慢慢不耐。於是，我轉型了。

高中經濟資本與文化資本的衝擊，讓我緊張害怕。第一次進入一個非我族類的場域，害怕自己窮困的價值觀與想法被發現的念頭，縈繞著高中校園生活。此時，遇到了與我背景相同，又住得很近的同學，便迅速的變成朋友。讓我們感情極速加溫的契機，就是一起去漫畫店借漫畫，以及參加冬夏兩次的漫畫展。

接觸到了BL，是某種靈機一動，也是朋友的介紹，總之我跟BL漫畫相遇並相愛了。BL是Boy's Love的縮寫，簡單一點說，就是以描述男生之間曖昧與戀愛作為故事主軸。BL的愛，總是帶有古人那種相知相惜，兄弟情誼，所以格外有趣。

第一次接觸到BL，是電視上播放的卡通《萬有引力》。當下很難以為自己在看的是BL，因為男主角雌雄莫辨，只覺得故事很有趣。由

BL是Boy’s Love的縮寫，簡單一點說，就是以描述男生之間曖昧與戀愛做為故事主軸。
上課 ing
BL的愛，總是帶有古人那種相知相惜，兄弟情誼，所以格外有趣。
呼呼。
李白！杜甫！
Yes!
蘇軾！蘇轍！
GOOD!!
元稹！白居易！
NICE!
第一次接觸到BL，是電視上播放的卡通《萬有引力》。
後來接觸到了《絕愛》，開始對於BL描述黑暗、心理狀態的深度感到驚訝，才逐漸喜歡上。
雖然我已經看幾集了…
不過這傢伙到底是男的還是女的？
那種禁忌的、不被承認的、深藍色的，籠罩著慘綠少年。
我跳脫出來，彷彿書中主角的朋友，看著他掙扎，看著他不可自拔，愛戀情感套上悲劇的外衣，更顯得偉大與憂鬱。
嗚嗚嗚
虐戀…這劇情很讓人憂鬱吧？
妳哪有虐戀啦！
嗯，就跟我一樣。
至少我有憂鬱啊！

貴跟愁一的互動很日常，又輕鬆幽默。後來接觸到了《絕愛》，開始對於BL描述黑暗、心理狀態的深度感到驚訝，才逐漸喜歡上。

青春總是憂鬱，憂鬱就是青春，憂鬱就是生活風格。少女漫畫、言情小說，對當時的我來說，都是一種平鋪直敘、充滿浪漫與幸福的作品，無助於憂鬱的展現。但BL不一樣，那種禁忌的、不被承認的、深藍色的，籠罩著慘綠少年。我跳脫出來，彷彿書中主角的朋友，看著他掙扎，看著他不可自拔，愛戀情感套上悲劇的外衣，更顯得偉大與憂鬱。我懂，我懂你們的青春與愛情，懂你們的掙扎，懂你們想要長大，想要擺脫這個世界。

我真的懂。

我跟惠青很快的就迷戀上了BL漫畫。對我們來說，下課後去借漫畫，是唯一的消遣。我們都是新莊人，一個靠迴龍，一個靠泰山，所以要搭的車雖然都是XX－板橋，但XX一個是迴龍，一個是公西，是南轅北轍的兩個地方。我們常常在學校旁邊的便利商店前等公車，多半是誰的車先來，就先上誰的車。注定一方要多花一趟公車錢回家。那時候沒有什麼等公車的app可以用，很多時候，我遠遠看到迴龍－板橋要來的時候，總是問惠青：

「今天書都讀完了，不想去聖地朝聖嗎？」

惠青就會很大力的拍打我的背，並且很大聲的說：

「靠北，妳真的很賤。好啦，去朝聖去朝聖。」搭上了公西－板橋的車子。

計画通り（事情如同計劃一般）。

ＢＬ漫畫在當時（其實現在也是）並不是主流漫畫，喜歡看ＢＬ漫畫會被人覺得是不是要搞同性戀，很難跟別人啟齒。因此，大量進ＢＬ漫畫的漫畫店，就變成了我們兩個的聖地。我覺得我是個帶衰的人，越是喜歡的漫畫店，倒得越是快。所以，我跟漫畫店始終保持一種疏離感，避免衰運纏上該店。隨著時間過去，漸漸發現一切其實是我自己想太多了。所謂的衰運，不過就是時代的變遷。

經營者是一個叔叔，一個對於ＢＬ很有慧根的叔叔。

當時ＢＬ都是在地下室的某個角落，陰暗的、不被看見的角落，但打理得很乾淨整齊。每個人心中也都有這樣的角落，特屬於自己的、陰暗的、不被看見的心靈角落，但我們會謹慎的清理乾淨，慎重對待之。我可以理解叔叔把ＢＬ放在地下室，把少男漫畫放在醒目地方的商業心裡。畢竟這個社會對於男性的尊重與接受程度，還是大於女性，甚至大於此外的其他性別（性傾向）。

我們常常在地下室，一待就是兩三個小時，直到打烊。

ＢＬ叔叔一開始是不怎麼在招呼我們的，只有在我們拿漫畫要借走時，會特別強調「這是ＢＬ漫畫，男生愛男生的那種喔」而已。大概過了半年，有一次假日，ＢＬ叔叔主動問我說：

「妳喜歡ＢＬ嗎？我看妳每次都借。」

我當然跟他說喜歡，並且把我為什麼喜歡、怎樣喜歡等等，完整抒發出我對ＢＬ世界的發現與啟發。彷彿找到伯樂，高談闊論。

ＢＬ叔叔拿了一套漫畫給我，我至今印象深刻，叫作《紐約紐約》，是《天才寶貝》的作者繪製的。原來羅川真理茂除了可愛的拓也跟小實以外，還能夠畫那麼成熟的大人啊，那時我第一個想法是這個。

回家後，我不知道翻閱這一套共四本的漫畫幾次。即使時代背景設定對我而言是陌生的。陌生的美國，不熟悉的警察職業。但裡面描述的場景，卻好像生活周遭可以看見，可以遇見，甚至沒有任何幸運的事情，就是一幕幕人生百態。主角被綁架了，主角被性侵了，主角被同事排擠，主角被認為可能會有愛滋病。種種社會對於同性戀的歧視、對於弱者的施暴，活靈活現的跳出紙張。我還小，不懂那麼多，不懂很多歧視，當時我哭泣的點在於，最後主角死於腎臟病。受苦受難了那麼久，還是抵擋不過病魔。最重要的，是腎臟病。原來腎臟病真的會死人，弟弟會不會真的長不大了呢？眾多的情緒湧入，使得我後來發瘋似的上網找這套漫畫。長大以後，開始看懂了裡面眾多的情節，看懂了作者想要傳達，想要告訴大家的，關於這個社會的虛偽、歧視、真實與不真實。然而，相愛的人無法善終，終究還是一場生離死別的想法，影響了我對於事物總是以負面角度切入的個性。

那一幕幕在便利商店前，討論著要搭誰的公車路線、要不要去聖地朝聖，是在枯燥乏味、痛苦不堪，家裡—學校兩點一線的高中生活下的色彩鮮明。

那是個流著奶與蜜的地方，是我們高中三年生活中，所期盼之地。

Working (on) Holiday

有句話是這樣說的：「上帝關了一扇門，必打開另扇窗。」

高中時，我沒有太多時間傷春悲秋。在我高中的時候，弟弟的病情急速惡化。弟弟國中一年級，出席的時間幾乎不到三分之一。因此，曾經討論過是否休學，以利銜接上學業。弟弟不想，當然也就作罷。只是在這樣的情況下，花費難免會變高。除了本來就要自費施打的免疫球蛋白，一罐一萬元以外；住院費等雜費也越來越高，妹妹也確診出了中度氣喘，小妹不明原因頭痛，霎時我變成全家最健康的孩子。醫藥與讀書費用增加，媽媽加班加得更勤了，幾乎不曾休假，為的就是多賺一點錢。所謂屋漏偏逢連夜雨；好的不會一直來，壞的不會只來一次，說的就是這個道理。

上帝關了一扇門，一定不會忘記把窗戶也一併關上，還不准你開空調。

任何人或多或少都有打工經驗。打工成為年輕人接觸社會的模式，近幾年政府也不斷鼓勵年輕人在寒暑假多充實自己的經驗。打工，是我生存的條件。

從我有意識開始，我的雙手就沒有停過。

弟妹陸續出生，因為要照顧的關係，媽媽很早就放棄做美髮了。取而代之的，是接大量的手工回家做。我一直跟朋友說，我們家是假性貧窮。我出生那年房地產起飛，課本都有寫。做土木工程的爸爸賺了非常多的錢，但都沒有拿回家。所以，小時候我真的以為我們家很窮，窮到爸爸一個月只能拿五千不到給媽媽。養四個小孩，負擔家裡所有的開銷。再後來，弟弟就生病了。

五千元，那個年代，一九九〇後了，是一碗陽春麵要二十五元的年代，是一把青菜要十元的年代。除了房價，一般民生物價其實跟現在相差真的不遠。要讀書、要上幼稚園、要看醫生，即使每天都吃白麵條加青菜，也是不夠用的。

我的手真的很快，巧是說不上。做手工要的是手快，手巧不是必備。一張拜拜用的，60 X 60大的摺疊桌攤開，就是工作的區塊。有時候是別針，媽媽把針帽插上別針，這個步驟比較危險。妹妹把別針放進小塑膠袋，我負責釘上釘書機。有時候是髮夾，我很害怕髮夾，下層鐵片有兩個突出的小鐵點，把小鐵點先上後下塞入髮夾上層鐵洞後，「啪」的一聲固定的這個步驟，我很常夾到手。髮夾、別針，都是暖身商品。到了後期，最大宗的就是電子插件的手工。

媽媽有一張桌子，是小學生兩個人可以用的，前方還有筆槽的木桌。媽媽買了一張非常厚的透明墊放在上頭，充當工作桌使用。我跟媽媽各坐一個位子，把一塊很像流蘇條，長度相等偏硬的金屬片，插入格數與流蘇條相等的塑膠殼裡，調整好角度，前頓一下，後頓一下，卡好卡滿，這樣算完成一個。一個好像是一角吧？「卡」這個動作我練了非常久，只要用力不當，就會把金屬插件給弄壞。弄壞的金屬觸角會卡在洞裡，要一根根拔出，非常浪費時間。毀損率過高也會影響到下次可以拿件的數量，所以我謹慎以待。整個國小，都在卡、頓聲中度過。

媽媽的墊子上，早就已經沒有完好的地方了。

國中開始，媽媽去哪裡工作，假日我就去哪裡打工。泳鏡工廠、無敵CD辭典工廠、電子工廠等等，都有我的足跡。雖然一天的薪水只有幾百元，但還有供餐，一來一往，省去不少，也認識了很多媽媽的同事，有時還會獲得額外的點心。比起在家裡煮飯給弟妹吃，還要擔心爸爸會不會生氣。出來工作，有錢賺又輕鬆，很有尊嚴。

到了家庭組成截然不同的高中，我自怨自艾了一陣子後，主動跟老師坦白家庭狀況。在老師的推薦下，我中午在學校的設備組打工，分類化學物品以及洗洗燒杯試管。一週兩天，一個月兩千。我跟惠青只要領到錢，就會去借漫畫跟喝星巴克。看漫畫是興趣，星巴克是洗禮。透過星巴克，我覺得我跟同班同學的距離有漸漸縮短。充滿美式風格的建築物，很像梅杜莎的頭像的綠色LOGO印在白色的紙杯上，裡頭的褐色液體，飄散出大人的、高級的、上流的味道。一定要是熱的，才有上流感。我不懂得欣賞裡面的液體，但我希望透過這些苦澀（雖然已經是全糖）的汁液，汰換流竄全身，充滿貧窮味的血液。

高二時，媽媽突然問我，暑假要不要去她工作的電子工廠打工，一個月有三萬。比起不穩定的打工，到工廠工作，似乎更有賺頭，我便答應了。

縱使有媽媽推薦，還是有一些過場要走。那大概是我人生第一次正式面試。拿著履歷表，穿著制服，下課後坐著公車搖搖晃晃的到達靠近新莊迴龍的工廠。確定時間與待遇後，暑假的第一天，我就到工廠報到了。

原則上都是媽媽上班順便載我去，我們先吃完早餐，然後再一起上班。上班前，媽媽買了一台收音機給我，避免我無聊，可以聽廣播工作。那兩個月，是我跟媽媽最親近的時光。每天形影不離的。雖然我們在不同廠區工作，但中午的時候，媽媽會幫我訂便當，我再走去跟媽媽一起吃。

第一次遇到來自東南亞的勞工，也是在那個時候。安妮是來自印尼的勞工，跟工廠簽契約的，全年無休，賺的錢全部都拿回家鄉，讓家鄉蓋房子。換了兩三次名字，待了快十年了，終於，今年期滿，可以回家結婚了。她是媽媽的好朋友，也比誰對我都還好。安妮教我很多工作技巧，也曾經在我打瞌睡，差點把削刀削過我的手臂時，即時把我的手臂拉走，讓我現在還可以用電腦打字。工廠的規定很嚴格，是安妮教我可以偷偷在廁所睡覺，多長時間內不會被發現。

我很勤快，比幾個來打工的大學生都還要厲害，很快就站上了更高的職位，主管還問我畢業後要不要直接來工作。因為我受重用，導致我在裡面其實有點被排擠。常常工作都是做最重的，有什麼通知都不會告訴我，犯錯也都怪到我身上。但也因為我很任勞任怨，後來有些出差都會派我去，也讓我碰觸到更多關於這個行業的點滴。最重要的，可以吃很好的牛肉麵。

媽媽很常帶我們去吃巷口的牛肉麵。

牛肉麵的老闆叫老王，是外省老兵，跟著國民政府來台，因為回不去了，所以在台灣娶妻生子，用家鄉的手藝，在新莊的小巷子裡擺攤。老王的老婆是台灣人，我們都叫她阿姨。一碗牛肉麵五十元，湯麵三十元。我都吃湯麵，比較便宜，而且我不喜歡吃牛肉。老王牛肉麵湯頭很特別，是黑色的。跟市售的不一樣，帶點甜味，老王說是山東口味。他們家最好吃的還有滷菜，豬耳朵、豆乾、海帶，偶爾奢侈點會吃牛肚。肚子很餓時，還會加點水餃。一家五口三百元，還可以一人買一瓶阿薩姆紅茶、速纖或生活花茶。老王跟阿姨很喜歡我們，我們挑的小菜永遠切出來都會比別人多，麵都大碗量小碗價。我們喜歡聽老王講他家鄉的故事，聽他說撤退來台的故事，聽他在台灣落腳的故事。那時候，沒有那麼多彎彎繞繞，沒有那麼多國家力量，只是一個小老百姓，被迫跟來台灣，落地生根，一個大時代促成的悲劇。後來，開放省親時他有回家，帶著老婆一起回去。前妻帶著孩子改嫁了，如同那個年代的眾多故事。沒辦法 happy ending，但終究是活著回去看了一眼。後來，不管我到哪裡去，回家時總是叫媽媽帶我們去吃老王牛肉麵。一路吃著，老王中風、生病、過世，兒子學藝不精，開了幾年就沒開了。

出差的牛肉麵，只是一種高級的象徵，說不上好吃還是不好吃。跟我一起出差的，是一個長得很像《麻辣鮮師》中萬人美老師的阿姨。她對我也很好，常常任我點。最後一次出差，她告訴我，好好讀書，才是孝順媽媽的最好方式。

平日晚上加班的是媽媽，假日加班的是我，完美的錯開，確實的加班費入袋。我用那些錢，買了一支 Nokia 3310。剩下的錢一半給媽媽，一半我自己花。

有自己的錢可以用，才有活著的真實感。

工廠的打工過後，媽媽問我：「想在工廠工作，還是去讀書？」

我說：「讀書比較輕鬆，我以後要坐辦公室吹冷氣，讓大家過好日子。」

神之編劇

考上清大後，我的開疆闢土大業便告一段落。我已經取得決賽「讓弟妹都能讀大學」的入場劵，下一個目標：「我要成為平凡的大學生。」

想像此時是一個頒獎現場，我首先要感謝我媽媽，她讓我知道，讀書最重要，讀書才能坐辦公室吹冷氣。再來，我要感謝網路。因為有網路，讓我那些親戚知道，清大比師大好，而且前五大是台清交成政，我才能順利通過親戚那關。最後，我要感謝助學貸款。因為有助學貸款，我的學費、住宿費，甚至是書籍費，都能有所著落。綜合以上元素，我才可以扮演一個普通的大學生，可以加入社團，可以不用打工。即使只有短短的一學期，那也足夠了。

當然，我也是做過很多努力的。我在高三考完指考後，就找到了位在湯城園區裡面，香水工廠的高薪打工。那時的時薪是一百元，完勝眾多工作。我用打工的錢買了印表機、相機，剩下的錢，當作大一的生活費。

過了很久我才發現，我在香水工廠做的工作，其實是處理走私貨。把一箱又一箱的香水打開，除去包裝，割掉條碼，貼上新的條碼；在暗房用刺鼻藥水除去內裡一堆數字標示，然後再包裝回去。有 Chanel、Dior、Boss、Prada 等國際大牌，每一罐都比我的日薪還高。跟我的人生雷同，把自己送入一間又一間更好的學校，用文化資本去除我的家庭背景，貼上一張張獎狀、畢業證書。用符合上流社會的價值重新包裝我自己，還有我的家人，總是害怕被打回原形。

然而，就算再怎麼努力賺，終究打工只有一個多月，能賺的也確實有限。同一時間，弟弟的病又攀上另一個新的高峰，花費變得更高。我的「平凡大學生」腳色，在收視不理想的情況下，黯然腰斬了。我不得不轉職，從事我的打工老本行。

子時生。男生子時生是好命，成人中之龍的那種好。子時生的女生是勞碌命，休息就會生病的那種命。媽媽是，媽媽告訴我也是。所以，越勞碌越好，是媽媽給我的眉批。我常常告訴自己，下輩子投胎不要再生錯時辰。

大一下學期，我在圖書館打工，同時又找了其他校內的工作，社團當然也沒落下。那一學期，我拿了書卷獎。書卷獎對很多人來說，可能是一種殊榮，一種象徵。說實在的，書卷獎帶給我的衝擊，比其他人都還要大。因為，那是我第一次知道，書卷獎有一萬五千元的獎金。不勞而獲，從天上掉下來的那種。

一天只有二十四小時，扣除掉維持生命的睡眠時間，最多就是二十小時。乘以每小時一百元（其實當時最低時薪只有六十六，在二〇〇六年的時候），一天也就是兩千，一個月也就是六萬。但我是學生，不是上班族。縱使是上班族，這樣的工作強度，大概三年我就在醫院裡了。通過打工來獲得生活所需，太慢了。

在還不能打工的時候，我就發現，世界上有一些地方會免費送錢給你，只要達成一些簡單的條件。考個前幾名、寫個動人自傳就有好幾千、好幾萬入袋。就這樣，我成了人生劇場的少年編劇。於是，我把自己形容成在貧窮邊緣死命支撐的弱勢家庭裡，奮勇向上的希望種子。巨細靡遺的寫入弟弟的病，妹妹的年幼，以及媽媽的辛苦。滿足獎學金單位救助世人的想法，符合這個世界對於弱勢家庭的想像，以及，底層的孩子所應有的努力與必須經歷的艱難。越苦越好，越是層層轉折，越是模範榜樣。不夠苦、不夠窮、不夠慘，就拿不到錢。獎學金要給的，除了稍微會讀書的學子以外，就是要給苦窮到了極點，再一步就下地獄的那種孩子。我將現實生活如實敘述，運用一些媽媽買給我的，關於成語、形容詞與相似語書籍中的詞語，做一點修飾。像蛋糕旁邊上的奶油花朵，材料是奶油蛋糕上的原料，只是換個方式，就能美化整個主體，放到商品桌上議價。藉由這個方式，我領取了一筆又一筆，為數不小的獎學金。有時候是愛心便當。我臉皮很薄，領弱勢的獎學金，我不希望被發現。我總是同時申請優秀獎學金，證明自己真的很優秀。我覺得，能夠領到優秀獎學金的我，在領取弱勢獎學金時，就可以是一種證明，把負面的轉成正面的，是優秀獎學金。

國中、高中，一筆高於一筆，學校一間比一間好。我的編劇手法也爐火純青，到後來甚至還可以指導同學。我曾經試圖幫弟妹們申請，但過了國中後，獎學金的種類跟金額，是隨著學校的排名而定的。私立學校，幾乎沒有。

弱勢的資助金額，論斤論兩，嚴格分等級。非頂尖學校的學生，彷彿不夠資格領取獎學金。錦上添花的荒謬笑點，每個弱勢學生早在出社會前都見識到了。

翻開報章雜誌，常常跟年輕人說，如何領22K存到一桶金。不去反省、批判這個社會、資本家對於年輕人的壓榨，將理財限縮到節流再節流，彷彿餓著肚子就可以追尋到夢想，實際上只是一種海市蜃樓，餓出來所形成的幻覺。相較於出社會後薪水太低，存不了錢。在求學時期，我很早就賺到第一桶金了。

大二開始，對學業的掌握度變高，閒暇時間，我全部拿去打工跟玩社團。每學期至少兼兩個正規打工，偶爾兼職。但最大宗的，是大大小小的獎學金。大學四年，我粗算了一下，打工錢加上獎學金，我賺了超過一百萬。這一百萬最後也沒能留在我的身邊，隨著我的畢業歸零了。錢總是這樣，前腳剛來，後腳就走，毫不留情面。

失去錢的管道很多，獎學金一到手，我首先請我身邊的好朋友喝飲料或吃點心。媽媽告訴我，我能夠名列前茅以及拿到獎學金，除了我自己的努力以外，還有別人的相讓。心存感激，才能夠得到下一次。但最主要的，還是用在了弟弟的醫療費。雖然我很心疼我的獎學金，但弟弟的腎臟病確實是自傳裡面最高潮迭起、引人注目、扣人心弦的主要劇情。按道理，本來就是要給弟弟一筆演出費的，這是他應得的報酬，我必須這樣想，才不會太想揍扁他。

弟弟的病情在我大學的時候，走向另外一個局面。需要接受新藥物的試驗，又缺少不了昂貴的免疫球蛋白。媽媽照顧弟弟的次數一多，即使手腳再伶俐，但沒辦法配合工廠加班，媽媽還是不得不黯然的離開工廠。穩定的頭路、優渥的薪水，取而代之的，是更加辛苦的路邊攤的經營。每每聽到朋友對於騎樓路邊攤的鄙夷與歧視，就很想跟他們說：

「你們知道嗎？擺路邊攤，很多時候，是台灣弱勢家庭生存的唯一方法。」

不能怪同學他們，因為相對位置較好的人，總是比較少關注周邊的世界。

頂尖大學，其實不太承認自己學校有弱勢學生，彷彿這樣就可以澄清什麼。關於弱勢獎學金的申請，也都放在隱秘的角落。在學務處外，假裝翻閱菁英獎學金。待比較沒人的時候，迅速翻到最後幾頁，才會是弱勢獎學金。快速記下申請的相關資訊，在比菁英獎學金更短的時間內送出申請。

人家是《海豚灣戀人》的編劇，我則是《台灣龍捲風》，編劇時間更短，還要結合時事，有時甚至前天才完稿。最重要的，是要灑狗血，這是弱勢必備的境遇。

上了大學後，麻煩的事來了。申請獎學金，必須要有老師推薦信。不得不說，真是上輩子燒香才得來的福氣，我遇到了非常好的老師，他姓姚。

姚老師幫我寫了一篇又一篇的推薦信，給了我很多必備的教科書。開學的書買起來，有時候會超過住宿費。讀大學真的很燒錢，認真讀大學，要燒更多錢。上大學人人都行，要讀書，卻是有錢人才做得到啊。

隨著年級越來越高，我拿的書卷獎數量越來越多。我並不是那麼認真的人，但書卷獎等於錢，是額外的錢，補足打工的不足。成績越好，能申請的獎學金數量跟金額都越高，推薦信的數量也從一封到兩封，甚至三封。但無論如何，姚老師都一定是其中一封。或許他會說最近很忙要我等久一點，但我從來沒有被拒絕過。老師不會像我爸爸一樣，干涉我錢應該怎麼規劃，要我不要隨便亂花。只是默默的寫好，跟我說：「加油，阿足，一定領得到，領到愛ㄟ記咧請我呷飯。」沒有一次真的要我兌現。推薦信都要彌封，裡面寫什麼，我從來都不知道。直到快畢業前，有二筆獎學金因為不能重複領取，我選擇了金額較高的一筆。多出來的推薦信，我打開，終於看到老師在裡面寫的。

「能夠藉由讀書領取獎學金，改變她的未來，就是社會流動的最好證明。」

我把信寶貝的用小袋子裝著，放在畢業活動的時光膠囊裡面，交給畢聯會埋在土壤，等待十年後功成名就再去挖出。可惜的是，畢聯會的朋友告訴我，終究他們還是忘了埋我的時光膠囊，也不知道丟到哪裡去了。我真的很傷心。

姚老師很優秀，我得到的從來不只是獎學金，而是我之所以活在這世上的理由，以及尊嚴的證明。我印象中，老師被提名了很多次傑出教學獎，但都沒有得獎。原因很多，教育界總是黑幕重重。第三還第四次提名吧？我恰好在評審的現場打工，老師接受評審時，看著我，看著眾多的評審委員，指著我說：

「我不在乎有沒有拿到這個獎，也不覺得教得好要靠這個獎來證明。她是我教出來的學生，非常優秀。」

跟燒香沒關係

我是一個非常相信因果輪迴的人。

小學五年級，是我的文化轉型時期。第一次看到少女漫畫，第一次看到白雪公主，第一次接觸到一切符合性別想像的事物。在這之前，我的讀物是《伊藤潤二恐怖短篇集》、《金田一少年之事件簿》、《護生的故事》等，恐怖、懸疑、帶著善惡論斷的書籍。像是《護生的故事》之類的善書中，要傳達的都是善惡到頭終有報，不是不報，只是時候未到。我所接觸到的節目，有《台灣靈異事件》、電視歌仔戲（黃香蓮是我的最愛）以及廣播講古。廣播講古的題目都是《三國志》、《賴布衣傳奇》等。一樣是靈異、男尊女卑、善惡有報以及英雄故事。因此，我認為，今世所有的一切，都是取決於前世的作為。同樣的，今世的作為，會影響來世的一切。這輩子會這樣，都是因為上輩子沒燒好香。所以我不敢做大壞事，也不敢覬覦、嫉妒別人的什麼，好好做善事，燒好香，期待著下輩子可以投胎到好人家。媽媽也常跟我說：「妳上輩子可能做比較多壞事，這輩子才出生做我的女兒。」

人生轉折的契機也很老梗，那就是我接觸到了社會學。

考上公立大學，我就完成了階段性任務。即使我根本不知道我考上的人社系是在讀什麼，也不知道怎麼跟親戚朋友解釋，我不是讀社會大學。那也沒關係，總之我可以像電視劇演的一樣，穿著長裙，留著長髮，戴著小巧的耳環，著淡妝，手上拿著一本厚厚的書，背著可愛的側背包，進入有著一長排桌子的教室，選擇沐浴著陽光的角落，靜靜地聽課，期待著可能會有的粉紅色邂逅。

「可以不一樣吧？」這樣想著的我，真的好天真可愛。

這樣的可愛，終結在看到宿舍與系館的時候。

宿舍，在半山腰。有兩條可以走的路，一條是緩坡，一條是陡坡。緩坡是二一坡，陡坡是奪命迴旋梯，聽名字腳就先軟一半。每天爬上宿舍，就像登山一樣。系館，在山頂上，不虧是八〇%女性聚集的地方，貨真價實的高嶺之花。從宿舍走到系館，會經過一條小徑。小徑有一個很美的名字，叫作楓林小徑，如果它沒有坡度，真的美不勝收。穿過楓林小徑，會來到一個四十五度的巨大陡坡。愛迪生說，站在巨人的肩膀上，會看得更遠。系館位在巨大的山坡上，我們應該可以看到宇宙。通過山坡，就抵達系館。其實，上坡不難，下坡才可怕。沒有扶手可以倚靠，唯一抓緊我們的，是地心引力。雖然強者如我朋友，依舊可以穿著高跟鞋，化著全妝，怡然自得的來回系館。但數量不多，畢竟早八的課擺在那邊，誰還能悠閒？連吃午餐都懶得下山了。還有一些，連提都不想再提，那個所謂的教室裡面的擺設，比高中視聽教室還陽春。真是聞者傷心，聽者落淚啊。就這樣，我從文青系女孩變成山林系女孩。跟夢想相符的，只剩下拿著書在系館走著。書跟想像中的一樣大本，只是數量超出想像，價格也是。

人文社會科學系（Humanity and Social Science），跟許多大學不同，我們是採取雙學程制。進來的學生，有八種學程可以選擇，社會、歷史、經濟、人類、語言、哲學、文化研究、性別研究。前兩年採取不分學程的設計，要讓學生可以對各種領域有一定的認識。《社會學導論》、《語言學導論》、《人類學導論》等，一萬個導論課程要上，每一個學科，都讓我重新反思，好像沒有學國英數史地公民物理化學生物地科，也能上大學。那我之前的十二年青春、學費跟補習費，是否應該還給我？

令人驚豔的，是每個學程帶給我的，都是天翻地覆的思想震盪，對於知識的想像瞬間拓成一片世界，無邊無際，令人興奮，也令人無所適從。社會學尤是。社會學課本是一本非常厚重，綠色封面，放到泡麵上會壓垮泡麵的書。第一堂課拿到課程大綱，我就傻了。每個字我都看得懂，但理解不行。我人生的「脈絡」中，不曾出現過這些字。全球化我聽過，現代化我也知道，現代性是他的朋友嗎？社會階級和馬克思，是共產黨的信條，學這個好嗎？不會有危險嗎？現在想起來覺得很好笑，當時老師在台上，問大家說：「誰住在新莊？」我舉手了，也只有我一個人舉手。然後，老師問：「知道樂生嗎？」

（是要大家多生一點嗎？）我心裡這樣想，但回答「不知道」。就樂生的話題，開展出好多我不認識的新莊，可能我從來沒認真認識過。

下課前，老師又問：

「最近政府想要在身分證上登錄指紋，大家贊成嗎？」

（終於有一個是我會的了。）我邀功似地把手舉高。

「只有妳一個舉手啊，阿足。為什麼贊成？」老師笑著說。

「可以更快抓到壞人，讓警察快點破案。」我說錯了嗎？

「誰是壞人？登錄指紋會不會侵犯隱私？我們需要擴大警察權力嗎？」

現在的我可以侃侃而談，為什麼人權優先，為什麼廢死是個選項，為什麼多元成家能解決社會問題，為什麼敉平社會階級差異對於國家很重要，我都可以談。但當時的我，只能看著老師，尷尬的傻笑。

那一刻起，我覺得讀大學好像也不賴。我在每一堂課上都打瞌睡，也睡得理直氣壯。唯有社會學的課堂，我眼睛不敢閉上。每一個概念，都像《金牌特務》裡面，那一顆顆炸開的腦袋，迸裂出燦爛的火花。

馬克思討論的異化，我聯想到那時候媽媽用四分之一個月的薪水換來的無敵CD81；我想到了我在工廠經手的香水，是我窮盡一天薪水也買不起的。我常常拿著資本論，坐在媽媽後來辭去工廠工作後，賴以維生的水煎包攤位前，跟媽媽解釋著裡面所談到的概念，如何用來解釋我們現在的情況。

「異化是什麼？」媽媽邊看小說，邊問我剛剛提出來，她聽不懂的名詞。

「老闆娘，一份蔥抓玉米蛋。」我還沒回答，客人就來了。

媽媽收到訂單，轉開一排瓦斯開關，點火器深入，「啪滋」，點燃了火。在煎盤上放著一張張蔥抓餅，火劇烈的燃燒著。油滋滋作響，凌虐著蔥抓餅，蔥抓餅最終還是軟化了，被逼得只能傳出陣陣香氣。拿過鐵杯子，把雞蛋打入，加入客人要的玉米粒，用鐵夾子攪拌，鉤出一道又一道遵從慣性的金黃色蛋圈。將殘留於鐵夾子上的蛋液擦在蔥抓餅上，然後順時針，鐵夾子互擊，轉著圓圈，打鬆蔥抓餅，讓空氣進入，

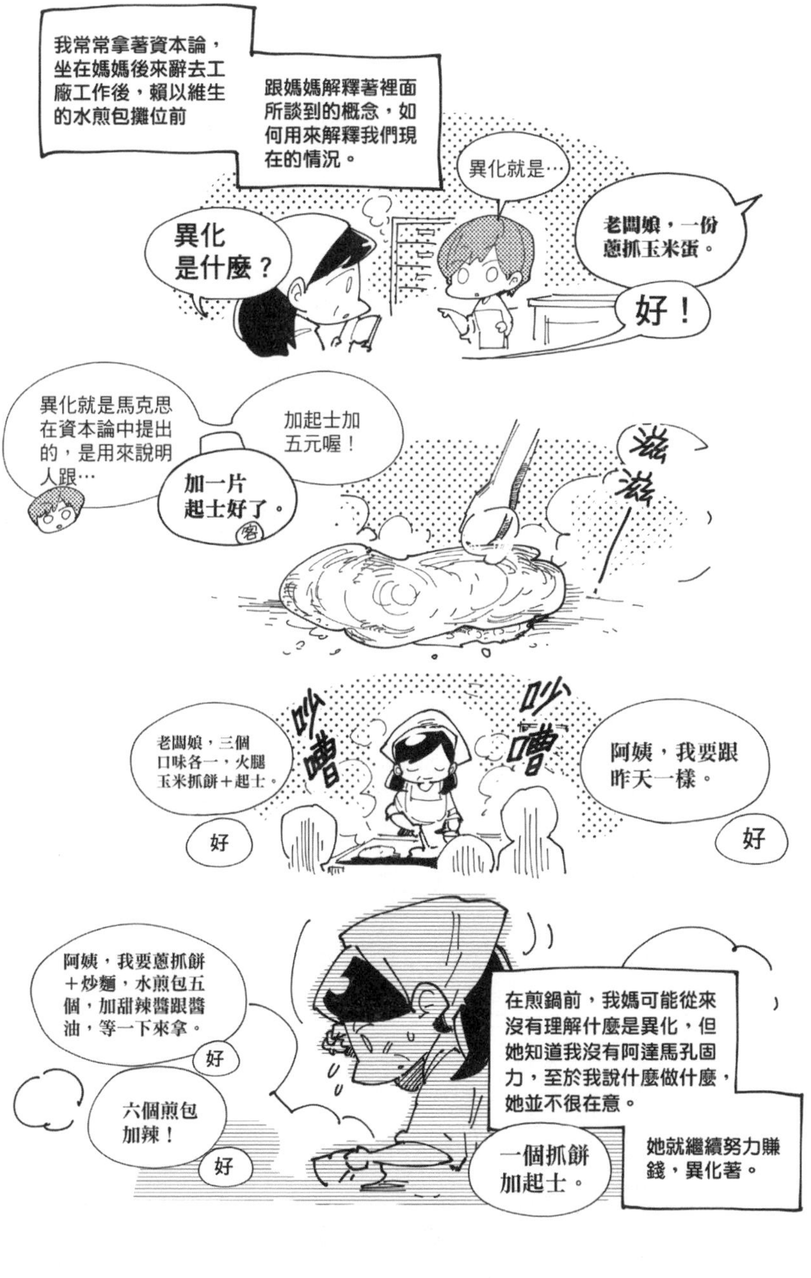

我常常拿著資本論，坐在媽媽後來辭去工廠工作後，賴以維生的水煎包攤位前
跟媽媽解釋著裡面所談到的概念，如何用來解釋我們現在的情況。
異化就是…
異化是什麼？
老闆娘，一份蔥抓玉米蛋。
好！
異化就是馬克思在資本論中提出的，是用來說明人跟…
加起士加五元喔！
加一片起士好了。
客
滋滋
老闆娘，三個口味各一，火腿玉米抓餅＋起士。
吵嘈
吵嘈
阿姨，我要跟昨天一樣。
好
好
阿姨，我要蔥抓餅＋炒麵，水煎包五個，加甜辣醬跟醬油，等一下來拿。
好
六個煎包加辣！
好
在煎鍋前，我媽可能從來沒有理解什麼是異化，但她知道我沒有阿達馬孔固力，至於我說什麼做什麼，她並不很在意。
一個抓餅加起士。
她就繼續努力賺錢，異化著。

讓香味逸出。放一點油，將玉米蛋液倒入煎鍋。動作要快，要在蛋液四溢超出蔥抓餅的大小前，快點把蔥抓餅蓋上。酥脆的餅，軟嫩的蛋，脆甜的玉米，融合的香味鑽入在座所有人的鼻子。客人每每都被勾動，然後說：「加一片起士好了。」

「加起士加五元喔！」我從小冰櫃拿出起士片，撕成兩片，直直排好。媽媽會快速捲動蔥抓餅，讓起士成為黏著劑，讓客人每一口都吃得到甜鹹拔絲的口感。媽媽把蔥抓餅裝袋，我遞給客人並收錢。接著我繼續說：

「異化就是馬克思在資本論中提出的，是用來說明人跟……」

「老闆娘，三個口味各一，火腿玉米抓餅加起士。」

「阿姨，我要蔥抓餅加炒麵，水煎包五個，加甜辣醬跟醬油，等一下來拿。」

「阿姨，我要跟昨天一樣。」可惡，飢腸轆轆的學生出來了。

在煎鍋前，我媽可能從來沒有理解出什麼是異化，但她知道我沒有阿達馬孔固力，至於我說什麼做什麼，她並不很在意。她就繼續努力賺錢，異化著。

社會階級、社會歧視、社會的眾多不平等，決定了現在我所在的位置，我所經驗的。過去降落於我身上的眾多事件，層層堆疊出的標籤與傷害，他人為我訂定的行為準則，始作俑者是社會，是社會建構而成的。是我們所身處的社會，決定了我們。社會用階級位置、用文化資本、用品味等象徵資本，直接、隱誨的，告訴每一個身在其中的個人：「你，該是什麼樣子」。

社會學，引爆了我的過去，重塑了我的未來。那些善惡有報、因果循環，被社會階級、不平等、脈絡等概念給取代了。瀰漫在其中的，是蔥抓餅香。

「太好了，不是我上輩子香燒得不夠，太好了。」

走入田野

就如同多數慘綠文學青年，一開始都是反身性的，停留在對自身的探索與再建構。抽離，客觀化，所有涉及到自己的，統統必須如此，才得以解釋與解答。大學四年，我積極的建構對自身的解釋與詮釋，對於萬事萬物都抱持著疑問，都想衝破，都想重新定義。這還不夠，遠遠的不夠。我還沒辦法解決我的問題，我之所以生成現在的我，到底是為什麼？我亟欲追尋解答，我考了研究所。台大，這次不需要再跟誰與誰多加解釋，這張會員資格太閃亮了。

走進了台大校園，走入了一個個不同的田野。追尋那些自己的、他人的、社會的。將深奧的概念一個個吸收、消化，然後再用以解釋所有可以解釋的，發現不能解釋的，便構築自我真正的解釋。最終的目的，是告訴更多跟我一樣的人，「你們可以怪社會，可以解放自己，但不要從此憤世嫉俗，要讓自己快樂。」

所以我習慣用很口語化的方式，把自己所學所知化成一篇又一篇有趣的故事或是評論，跟許多人，非學者、非同溫層，來討論、來爭論、來互相證成。在此之前，我曾經迷失，追尋艱深難懂的學術性用語。源自某個課堂，期末報告上老師寫著：「用字過於白話，缺少學術用語，斟酌扣分。」

我險些忘記自己追尋的。我認為，教育的目的，是希望可以教育出一群人，一群可以用他們群體的話來述說，並引領屬於同個群體的人打開視野。弱勢群體，藉由教育理解了社會，更有效率地找出離開困境的可能。優勢群體，知曉自己佔有了許多資源，進而更加寬容。制定政策的群體，藉由教育的養成，確實掌握受益對象的真實需求，制定出更符合現實的政策。所以，即便教育資源一時之間無法讓最多人受益，但也要能夠經由取得教育資源的人身上，流傳出去。因此，我追求的，是白居易的老嫗能解。排擠了很多人所享用的教育資源，必須有所回饋。這是我對於我所受教育的真實目的。

曾經在學術場域中迷失的，就在田野找回來。

每個週四，趕在下班時間前，拿著前一天已經收拾好的行李，趕搭客運。學校離客運站很近，一上車就開始睡，睡醒差不多就到了。到了終點站，我會先確認一下火車的時間，必須要準確掌握，因為做田野的地方很難到達，火車是窮學生唯一的交通工具。錯過了火車，我就要自己找地方住宿，是額外的負擔。

在火車來臨前，匆匆在市區買完晚餐、飲料跟點心。因為到了當地，放眼望去除了海、除了路，沒有任何發著亮光的地方。雜貨店很早就關了，便利商店更是想都別想。海邊人家，總是貪黑早起。有一次來不及買晚餐，在產業大道上走了半小時，港口邊買了炒飯，難吃又貴，這是對外來者的懲罰吧？

晚餐多半是這樣，米粉羹、雞捲或是卜肉、手搖杯和麵包。滿滿的在地風味，撫慰我每週都要進入田野的心情。我都會選擇最快可以接得上的火車，多半在傍晚就抵達了田野的地點。在田野的日子，真的滿無聊的。沒有可以聊天的對象，居住的地點也是在旁邊的空教室打地鋪，在小朋友的廁所洗澡，要自備所有的沐浴用品以及睡袋，以及訊號非常微弱的網路。起初，在學校的替代役男還會跟我有一搭沒一搭的聊著。幾次後，替代役男變得非常期待我的到來。無關乎什麼曖昧怦然心動的，只是終於有一個可以輪班的人。是的，就是我，一個免費的輪班星人。

通常我一抵達，替代役男就會用光速去洗澡。這時候，我會去他的空間（也是儲藏室，無法用房間形容）拿我的睡袋跟沐浴用品，鋪好床鋪，將晚餐從袋子裡面拿出來後，先用網路傳訊息給老師，說我已經到了。寒暄幾句後，打開電視。通常能看的只有《豪斯醫生》，聊勝於無，畢竟網路很慢，打開電腦也無濟於事。然後，在替代役男還沒離開時，火速去洗澡。

是的，我一點也不在意會不會走光或是有什麼危險。在空蕩蕩、沒有任何人的教室與學校廁所，我更害怕那個世界的兄弟們。替代役男好歹是個人，所以我必須在他離開前，梳洗完畢。幸好我每一次來臨，他都要去約會。約會的男孩，總是會多花點時間梳妝打扮。Seido 完畢，我也洗好澡，出來跟他說掰掰了。比較遺憾的是，我還沒吃晚餐。等一下免不了要去廁所刷牙，想到我就毫無食欲。或者說，冷掉的各式食物，

通常我一抵達，替代役男就會用光速去洗澡。
抱歉抱歉！小惠還在等我！
先去洗澡囉！
感恩
…
靜
嗚嗚嗚嗚
突然覺得…
好恐怖！
不是聽說學校以前都是墳墳墳墳墳…
當機
我洗好了，那…
等等！不准走！換我去洗澡！
欸？我不在妳比較自在吧？
咦!?
沒關係!!
好歹你還是個人！
在空蕩蕩、沒有任何人在的教室與學校廁所，我更害怕那個世界的兄弟們。

本來就讓人食欲全無。

油膩的卜肉跟雞捲，冷掉後味道沒有差太多，只是少了酥脆，多了油膩。米粉羹就不同了。打開已經沒有散發任何熱氣的米粉羹，粗的米粉與甜的湯底，還有裡頭的蔥頭跟炸過的魚酥，在冷掉之後，彷彿在吃泰山八寶粥一樣。濃稠到無法小口撈起的米粉與芡湯的團塊，只能張大嘴吃進去。偶爾還會被硬掉後的蔥頭哽住，咳出聲來，也把已經進入食道的米粉團塊再度喚回口腔集合。有時候都在想，自己幹嘛不乾脆買一罐八寶粥，還比較便宜，又是真正的甜點。

這時候，我就會想起某堂課上，老師講述過的一個故事。

有一個男孩，家裡非常窮困，常常有一餐沒一餐的。這個男孩最大的願望，就是成為頂尖的廚師，到世界各地做美味的料理給更多貧窮的人吃。為了達成這個目標，他積極參加各種比賽，但都落選了。有一天，他又落選。評審走到他身邊，拿著優勝者的料理，問他說：「你要吃吃看嗎？」

男孩接過來，吃了一口，說：「這是什麼味道？」

「這是好吃的味道，你沒吃過，不會知道。」評審說。

這是一個關於品味的故事，品味是取決於社經地位的。

我總是在想，同樣的情形，在美食評論家的文章中，一定會用更高級的形容詞來形容。但我只吃過八寶粥，就只能用八寶粥形容。會想到這個故事，是因為我所進入的田野。數個不同的田野，交由不同的助理去做。我們會撰寫田野筆記，回報觀察到的現象，巨細靡遺的，任何枝微末節都不能放過，包含使用的語言、語氣與情緒。助理們彼此也會交流，討論發現的差異。一次，某個助理跟我們分享他所觀察到的。有次田野，他看到觀察對象戴了一個很可愛的髮帶來，他指著髮帶，問說：

「這個髮帶是什麼顏色？」

「這個緞帶是春天的顏色。」觀察對象是這樣回答的。助理驚呆了，跟老師反映。在另外一個田野，同樣的髮帶，同樣的問題，得到截然不同的回答。

「黃色的啊。」

中產階級與工人階級的被觀察者，答案如此迥異。恰如我對於米粉羹的形容，是如此工具性、符合現實的。反映出的，是我的社會階級與品味。我終其一生，可能也回答不出「春天的顏色」。對我來說，春天沒有顏色，是個季節，是個代表開學要花錢的日子。我的爸媽，只能擠出時間，告訴我那是黃色。

有趣的是，我所進入的田野，這樣的問題，根本不會被問出來。我的田野有更多的問題需要被詢問、被記錄、被轉化成學術概念與論文，發表。

在這個田野裡面，我找回了失去的初衷。比起學術性用語，環繞在我心頭的，是一個個疑問。我想跟訪談對象說，妳不要覺得媽媽不太跟妳說話，是不喜歡妳。那是因為媽媽覺得身為外籍配偶的自己，國語不標準，會害妳被笑。媽媽沒有錯，錯的是台灣社會的不成熟。我想告訴訪談對象的阿嬤，妳必須要照顧孫女，不是因為陳定南阻擋台塑設廠，經濟都沒有發展。問題是城鄉發展不均，造成大量青年必須往城市移動，尋求生存空間。又因為薪水不高，必須將小孩丟回便宜的鄉村，由年邁的父母照顧。我想拜託訪談對象的年輕老師，不要因為學生窮，跟妳沒辦法有價值觀相符的對話，妳就疏遠她。小孩子心思細膩，會受傷，會影響一輩子的。我什麼都不能說，但我知道，這些訪談對象，將來有極大可能走向社會所謂的歪路，她們可能早孕、可能無法升學、可能低薪。他們，絕大部分會複製他們現在的階級處境，成為社會問題。就像《7 UP》裡面所演的一樣。他們此刻的人生，被我所記錄下來，被知名學者論述並發表於期刊，成為著作中的故事，成為統計數字。留下的就是現在的片段。對於他們真正的人生，我們束手無策，只能期待被制訂成政策，去改變什麼。

我在碩士論文中，訪問了一個又一個，前仆後繼飛向夢想之地打工的年輕人。他們流汗，流血，流動著他們的勞動力，成就了他國的出口貿易。賺進了大筆的金錢，明白了努力會有等值的代價；然後回來台灣，回來這個付出與收入不成正比的家鄉。他們也成為統計數字，變成台灣青年赴澳洲打工度假的人數節節上升，這樣一句話。輿論從支持鼓勵到訕笑歧視，最終，停留在天平的另外一端，負面的那一端。或許沒有多少人意識到，打工度假的青年，並不是同一類的人。他們有經濟資本、文化資本、象徵資本上，根本性的差異。沒有人在意，所以，也就沒有任何他們相關的後續報導。去揭示他們回來台灣後，種種的不適應以及衝擊。只是把他們再度丟入青年的統計數字，扁平化所有的青年。成為上一代的人不停著講幹話的對象，讓世代、階級一直對立。

政府將資源投入在各式各樣的研究、調查上，為的是推動一個更好的未來。這些優秀的研究所揭露的現象，應該要被放入法律之中，要進入議事殿堂，讓在位者看到，進而訂定相關的政策，改善現在的狀況。讓更多在統計數字中，生活著、掙扎著、深陷著的人，有喘息的空間，有被救贖的可能。那些我無法忘記的受訪者。特別是那位辭去工作，前往澳洲打工度假，卻失敗收場的受訪者。當時社會上瘋傳護士吊點滴上工的照片，我也只是輕描淡寫的開玩笑，講出這個事件。受訪者也是淡淡的笑著說：「我也是吊點滴上班喔，休息太慢了，這樣比較快。我還年輕，就這樣子，那怎麼辦？所以我想反正都很累，去澳洲說不定可以活得像人一點。」

人類為了獲得生活材料，所以出賣勞動力。最終，人不像人。為了讓更多人活出人樣，不好意思，我曾經尊敬過的，現在以蘿莉控與幹話王聞名的國父孫中山先生。你曾經影響著我前二十年人生的那句話，「不要做大官，要做大事」，我必須要讓他跟著我家後面廣闊的荷花池一起深埋在水泥底下了。同樣為了利益，必須有所犧牲。荷花池變成停車場，建商說為了下一代。我要做大官，是為了讓弱勢者被看見，讓他們活得像人。我單純以為，只有做大官，才能讓那些在多數人眼中微不足道，但對身處其中的人是攸關生存的事情，被看見。

所以，我要當立委。

我在NGO工作啦

碩士的最後一年，考完論文大綱後，發生了三一八事件。

很多後來認識的朋友，人生的轉捩點都是這個事件。有些人可能更早，從反媒體壟斷就開始了，或者是更早的陳雲林事件。跟很多後來認識的朋友不同，我在這個事件中，沒有顯著的付出。現在打開電視，打開臉書，打開大眾媒體，上面出現的，都是三一八、三二四的名人。許多討論、檢討的書籍如雨後春筍般的湧出。到底誰是英雄，誰是虛張聲勢，誰是沽名釣譽，誰是竊取他人的努力，這都不重要，老實說。重要的是，這個事件啟發了很多人對於政治的關心。也令人遺憾，開啟了關心後，才發現成長的過程中，沒有可以獲得相關知識的資源與管道，過去教育帶給我們的，是破碎、無脈絡、無邏輯的訊息。後來忙著拆解、重組，反而忽略了歷史脈絡。那也不能怪他們，只能怪台灣社會，還有很多歷史問題沒有解決。幸好，我們已經開始行動。

有點令人尷尬的是，後來好像變成在這一行，在我這個年紀，不跟三一八扯上一點關係，就失去正當性。剛進入政治圈工作時，多次被詢問三一八的時候，是在裡面的哪裡。我總是模糊帶過，故作神秘。其實，在三一八的時候，我跟朋友在外面靜靜的靜坐著。拿著自己製作的小手板，在看到緊急訊息時，隨時出現在現場靜坐。偶爾會因為同在助理室，涉入比較深的朋友的請求，才擔任主持人或是協助做電話調查與邀約。剩下的時候，都在外面靜坐。

靜坐也是重要的，至少我是這樣認為。整整一個月，我暫且捨棄論文，因為我覺得我有責任做些什麼。不為什麼，不因為這是時代的記憶，所以必須參與。只因為我是社會系所出身，縱然是我這樣一個渺小的個人，在時代的風頭浪尖的時刻，說什麼我也不會退縮。就算只是浪花一朵，也是貢獻所學。在事情落幕後，我也讓自己的論文加快腳步。就在這個時候，一個機會來了。在朋友的推薦下，我進入了民主進步黨工作，負責民主小草的計畫。同計畫的同事與主管，年紀都跟我差不多。我們充滿著浪漫的想像，制訂了計畫，對外招募對政治有興趣的青年。遇到了很多困難，我們都一一克服。我們覺得自己很猛，但其實我們不知道，政治性的問題，是資深的同事與主管幫我們擺平的。

浪漫的擘劃對於政治的想像，那一年的我們，就是那樣的純粹。我們用很多文青字句，堆疊年輕世代對於政治的理想。從各行各業找來我們覺得優秀的大人，考量性別友善與平衡，或多或少忽略了現實的政治考量，挑選我們覺得合格的參選人。我們用混合藍綠的色彩，定調我們的主視覺。我們對於政治的論述，是基於對於舊的嫌惡，對於新的推崇，這樣而來的。我們知道我們很白目，不怕死、勇敢的想衝破瀰漫黑暗的政治界，讓五顏六色的新力量走進來，推動台灣走向更好的未來。當時的我們，就是如此勇敢的白目。

初認識時，是夏日時節，天氣十分炎熱。我跟主管最愛做的事情，就是去黨部附近的咖啡廳，邊吃火鍋，邊聊天。

《森咖啡》是老舊的咖啡廳，很上島珈琲店那種傳統日式咖啡館的感覺。店面位在二樓，進門後看到的，是介於褐色跟駝色間的那種咖啡色、燈芯絨款的沙發椅，沿著窗邊擺放。隔間是開放式的，用木製隔板隔出的小包廂。因為坐落六條通，晚上的森咖啡，跟白天的森咖啡，有完全不同的風情。白天的森咖啡，是聚餐聊天的上班族。晚上的森咖啡，多了聚會與煙霧，是人們的解憂場。

我幾乎沒有換過菜色，每次都是點牛肉鍋，飲料是冰紅茶。

火鍋是用簡易式瓦斯爐煮的，鍋裡面已經放有各式各樣的火鍋料，以及耐煮的高麗菜。旁邊白色塑膠方盤上，雪白的冬粉散落為底，上面放著冷凍過暗紅的牛肉片，以及淺綠與深綠交融的青江菜。醬料是很基本的沙茶醬、醬油跟青蔥還有蒜頭。

我不喜歡吃軟爛的青菜以及任何軟爛的食物，所以在這個步驟，我不會添加任何食物進入鍋裡。在滾之前，我只會喝著開胃的洛神花茶，攪拌醬料，然後等待美味熟成。鍋內的湯開始滾燙，我會先舀一碗底湯，喝一口溫暖腸胃。縱使外面的天氣再熱，腸胃都是要暖過。這一碗湯，也就是唯一一碗可以喝的湯。之後鍋子裡的湯，只是燙食物的水。我把肉片放入，來回涮了兩下，顏色只剩微微地粉紅色時，我就會取出，放在白飯上。將肉片攤開，中間放的是青蔥、一些沙茶以及蒜頭。捲起來，一口氣塞入口中。咀嚼完畢後，將被肉片滲出的血水給染色的白色，鑵起來放進嘴裡，感受尚未流失的鮮味。進行到肉片僅剩三分之二時，我會加入青江菜，青江菜呈現鮮綠色時，就可以起鍋了，也還帶有脆度。青江菜煮過以後，還是綠油油的。紅肉就不一樣，煮過就變色。好政治啊！收尾必須是冬粉。留下三分之一的肉與兩三根青江菜，清空鍋內所有的食物。如果可以，我會清掉肉渣。放入冬粉，在冬粉稍微變成透明色，還看得到白色時，放入青江菜跟牛肉片。信號是轉粉紅色的肉片，起鍋，成為一道清淡的冬粉湯。鎮定腸胃與午後炎熱，緩和躁動的熱情與幽微的不安。

選戰到了後期，我們全台灣各地幫忙輔選，開著一台租來的小客車，後頭裝著滿滿的道具與文宣。在有民主小草候選人的地方，穿著玩偶裝，拿著大聲公，吆喝著、宣傳著、倡議著，我們的政治夢。

開票那天非常刺激，我這輩子都不會忘記。民主小草是號召青年來投入基層選舉，選的是村里長跟鄉鎮市民代表。越基層，越慢開票。一大早我們投完票後，直奔黨部。打開電腦與粉絲專頁，不能為誰喊聲，只是呼籲大家出門投票。我們製作了很多屬於我們這個年代的宣傳圖，大量的周星馳，吸引大家的目光。下午四點以後，旁邊的電視陸續傳來好消息。一定會選上的縣市，我們選上了。出乎意料的縣市，也選上了。就像樂透一樣，一顆顆印著跟手中樂透單相符的號碼，從塑膠管內飛出。通過轉播，讓全台灣的民眾都看到。而基層選舉，就像六合彩一樣，比較神秘，要自己打電話去問。六合彩問組頭，我們問候選人。

我們部門應該是最後離開黨部的部門之一，四十七名候選人，選上了十五個。我們一個一個打電話問來的，記者都在外面我們公布。對黨部來說，是一大捷報，完全超出他們的想像。但對我們而言，卻是三十二名遺珠。大家都那麼優秀，為了翻轉基層奮鬥著，為什麼選不上？我們不知道怎麼安慰這群戰友，吐出口的，只剩「辛苦了」。

回想起來，有滿多徵兆，顯示出會有這樣的結果。比方，我們製作了上面印著呼籲不要買票的募款小物，在烈日下，募得的金額，連加班費都不夠付。在直轄市辦說明會，地點、餐點以及講師都很好，參加者卻很少。所以，我們對社會有些怨懟，覺得社會有點反智，不知道自己手中那張票，是推動政治革新的關鍵。我們隱約有發現，但不想面對。不想承認其實我們築高了牆，用多數選民聽不懂的話，論述著我們的熱情與理想，並且，派不上太多用場。選舉落幕了，有些落選人放不下對政治的熱情。但我們無能為力，只能將他們的資料，一個個登錄在電腦裡。就像人力銀行一樣，四處詢問是否有機會收留這些優秀的青年，讓他們可以繼續打拚，深耕基層。

潘越雲跟黃乙玲，用歌曲讓我們明白，情字這條路，給你行著輕鬆，我走就艱苦。愛情跟政治一樣，都是別人滿面春風，我就在淋雨。走得艱苦的，走在雨中的，我們找不到足夠的傘讓他們不要淋雨，只能給他們熱薑茶，讓他們不要那麼冷。政治這條路，不好走。無論身在政治的任何位置，都是。

作為候選人，當選有當選的累，落選有落選的淚。作為政治工作者，也必須找到自己的類。當代的年輕人，多數必須在外面租房子。要找到好的房子，可能比找到另外一半還困難。讓房東覺得自己符合資格，可以入住他的房子，也遠勝婚友社的資料審查。性別、工作，甚至性向與戀愛關係，都是審查的標準。房子越好，房租跟要求越高。作為一個黨工，特別是民進黨的黨工，社會聲望不高。擁有房子的房東，不是政治中立，就是支持藍營。這兩類房東，都不會把房子租給我。每次看到完美的房子，總是由我先寄信給房東，獲得房東的青睞。再由一起合住的朋友出示名片，證明我們有正當工作，不會拖欠房租，不會拉低房子價值，而且很乖。

每當被問起我在哪裡工作，我總是說：「我在 NGO 工作啦！剛去上班，還沒有名片。」附上一個無害的微笑 ;:)。

進擊的黨工

後來，我逢人便說：「沒到過地方，不要說你對政治很有興趣。」

九合一大選完，我好像懂了什麼。但一次的選戰，不夠。更何況這一次是特別專案的基層選舉，接觸到的，說到底，就是容易對話的同溫層年輕人，真正的選舉是什麼？我想我還不清楚。學習的機會總是突如其來，選後一個月左右，接到主管的通知，要去地方進駐，協助立委補選。協助只是藉口，學習打選戰、累積戰功，才是進駐的精髓。可是，懵懵懂懂進入政治圈，憑著一腔熱血奮鬥的我，根本不知道進駐的真諦。只是覺得很好玩，常聽民主前輩說進駐的往事，終於輪到自己，好開心。當時的我一定沒有想到，過了幾個禮拜，我就想把自己惢死在接到消息那天。更出乎意料的，是想把自己惢死在進駐那天的我，竟在結束進駐後，逢人就說：「想了解政治，進入地方吧！」

知道要去進駐，但對於進駐的人員、地點以及選舉情勢絲毫不了解。我那時心裡想：「我的台語那麼好，去地方妥當啦！」就買了機票，跟朋友直奔韓國旅遊。在韓國的第二天，我接到通知，返國的隔天，要召開進駐記者會。看到這個消息的當下，我只擔心我的衣服可能會來不及洗，買的紀念品來不及發，至於進駐，管他的。度過了五天四夜快樂的韓國行，先回租屋處把東西整理好。好險大部分的衣服在韓國的民宿裡面洗完了，買回來的紀念品也大都可以存放，天氣很冷，也不太會壞掉。隨便收拾兩三件衣服，帶了電腦跟紀念品，就出發去高鐵站了。出了高鐵站已經深夜，坐到載客計程車，花了三倍的價錢抵達旅社。放好行李後，才發現旅社裡面什麼都沒有，只好走到附近的便利商店買需要的盥洗用具以及洗衣粉，因為，要自己洗衣服。回到旅社，一邊把東西擺出來，一邊抱怨。還好，有從韓國帶回來的零食可以吃，聊勝於無。帶著尚未散去的韓國回憶，在很像 B 級恐怖片的旅社中，緩緩睡去。第二天才知道，競選總部離旅社，還有一小段路。這一小段，跟漫步在鄉間的悠閒情調相去甚遠。我就像是跑跑卡丁車的駕駛，過了起跑線後，眼前有無限多的障礙。車輛是小 case，N 線道加上圓環，勉強進去了，卻走不出來。過了圓環加上地下道，穿梭在車陣之中，才能看到終點線。誰也沒想到這樣的經驗，在幾年後的越南，派上了用場，救了我以及很多歐美旅客。

進駐：中央黨部的成員進入地方，協助地方的選舉事務。如果變成很有名的六格圖片解釋，大概會是這樣的畫面：

社會大眾以為我在做的是穿著印有候選人名字的背心，沿街發傳單；朋友以為我在做的，是拿著麥克風，向底下的選民高呼政見理念；我媽以為我在做的是，坐在辦公室裡面，打打字，想想計畫；對手以為我在做的是，分析情報，制定作戰策略；我以為我在做的是，開作戰會議，安排地方的人就適當崗位；實際上我在做的是，剪報，把很難用到的資料 key 進電腦裡面，存檔，幫忙摺文宣。在中央黨部的所學所用，幾乎毫無用武之地。起初，我還會想要找一些東西來做，包括提提意見之類的，但我連會議都沒辦法進入。好吧，那我觀察這個社會，寫寫田野調查好了。我開始觀察選區，寫些分析來安慰自己，至少有做一些事情嘍。就這樣過了兩個星期，染上了重感冒。居住的環境很差，我每天都必須打開電視，在成人影片的嗯嗯啊啊中睡去。對睡競選總部的其他同事來說，有旅社住已經很好了。

對於地方而言，中央黨部下去的，只是要累積戰功。他們害怕我們

中央黨部的成員進駐地方，
協助地方的選舉事務。

搶走他們經營很久的成果，我們希望可以快點打完選戰趕緊回家。一方猜忌，一方不滿，很快的，情勢就僵掉了。同一時間，選戰也進入白熱化，產生變數。沒辦法，中央黨部只好再派更資深的同事來帶領我們這群生嫩的書生兵。

其實，在那個時候，我本來想說咬牙撐過去，就算了。這樣打雜，也沒有什麼不好，反而比較輕鬆。因為，當時有件更重要的事情，我必須去處理。

進駐大概一個多禮拜的時候，某天，我接到了家裡的來電。大致是離婚訴狀寄到了鄉下，引起軒然大波。爸爸那邊的親戚覺得很丟臉，每天大吵大鬧，很多不理智的行為也發生了，要我幫忙想想辦法。我能想到什麼辦法？

我是知道原因的。

爸媽的感情，本來就不太好，阿公過世以後，變得更差了。中間發生了什麼事情我不知道，等到我意識到的時候，已經是要走上諮商法庭的局面了。是媽媽這方提出的，她深切的盼望著可以離婚。撰稿人是我們。寫了一封很長的訴狀，繳了三千多元，陪著媽媽到三重的法院去提出告訴。我不知道為什麼走上這個地步，只知道阿公的過世是引爆一切的導火線。但我也沒有很想知道，訴狀交出，我就進駐地方，進入立委補選的選戰了。

不想理會，不想面對，是我一貫的擺爛風格。對工作不會，對家裡會。工作有期程，會結束。家裡的爭吵，沒有劇終。後來越來越嚴重，我只好親上火線。接起爸爸的電話，自以為很隱秘，其實很大聲的，在競選總部電梯旁的角落，用台語跟爸爸大吵一架，也跟他梳理前因後果。他似乎聽不太懂，但有比較冷靜，恢復一點理智。我大概也了解，過去也是這樣吵的，所以爸爸覺得縱使吵得再兇，媽媽都不會跟他離婚，要也是他單方面提出，怎麼可以是媽媽提出？他察覺不出媽媽已經承受不住，加上照顧阿公，罹患了肝病，身體越來越差，所以不想繼續下去了。我想到之前的一個故事，一對很幸福美滿的日本夫妻。某天，妻子罹患重病，她告訴護士，在生命的最後這一陣子，她不想再看到她的丈夫了。

就是這樣的難以忍受。

我也差不多到達臨界點，工作不順，家庭不和，所有不順心的事情同時出現。在此時，我真心想要什麼都不管，好好的放逐自己，但不能這樣。

在這樣的情況下，不得不說，有資深的前輩支援進駐的感覺真的太好了。在資深前輩的帶領下，我們開始可以做一些具體的任務，事情也上了軌道。這時我才知道，對地方的人來說，我們跟他們索取相關名單，基本上一就是在掠奪他們累積的人脈，交出他們的苦心經營。我們用這些人脈，事後他們要花多少時間挽救，對於我們來說，可能不是那麼重要。所以地方的人並不喜歡我們。理解到了這點，我開始調整跟地方的相處方式。事情該做還是要做，但做這些事情，我會盡量安排地方的人一起做，捧他們為主責，自己變成規劃的人。此時，我也大概知道，從中央黨部來的，並不能真的派上很多用場。主要是希望讓地方民眾覺得，我們是用首長規格在打選戰；同時，讓我們這種政治新手觀察、了解地方的運作與選舉模式，避免未來企劃出不接地氣的計畫。

資深前輩常常在加班過後，帶我們去熱炒店飽肚一番。在啤酒的魔力之下，打開我們的心房，傾聽我們的想法，並且告訴我們這行的遊戲規則。我每次都會點苦瓜炒鹹蛋，啤酒很苦，苦完會茫。苦瓜很苦，鹹蛋很鹹，反而能讓我專心記取任何細節。在政治這一行，千萬不要逞強。記得有一次同事想要去約會，在喝酒時說，「啤酒只是喉嚨借過」。那天他被灌到低聲向我求救。我幫不了他太多，只能幫他擋掉一部分的酒。每一行都有超出自己想像與能力的事情會發生，低調學習，勇於承擔，是不管在任何位置，都必須遵循的。回到房間，前輩跟我說，只要同事求饒，他們就會放過他。因為要讓他知道，逞強，只會讓場面僵掉。學習認錯，才不會釀成大錯。這是資深的朋友，對資淺的朋友，最良善的忠告。所以我必須吃苦瓜，讓自己清醒，牢記在新手村的任何指引。

一個月後，我們打贏選戰就離開了，記上一筆戰功。剩下的就是地方的事了。在中央黨部，習慣以全國性的角度來判斷、思考、擬定企劃。因此我們可以輕易取得地方黨部所提出，基於他們所累積的經驗，做出的分析與政策建議。用學術性的角度來說，中央就像是我們閱讀的文本，文本是由真實世界所積累而成的。從中央到地方，就像是進入田野，進入文本背後真實的世界。文本會對各項經驗做出歸納與分析，但絕不是一體適用。我很感謝進駐讓我了解了這一點，因此，在我離開的時候，我把所有當時透過網路所蒐集的名單，全部交給他們，同時，刪除了我手邊所有的檔案，算是交學費。

回到台北後，不得不收拾殘局。在家族聚會中，用更上一層樓的台語，跟親戚們大吵一架，讓他們不能用聽不懂作為藉口，來忽視小孩的心情。我們也稱職的扮演好我們的角色。除了我以外，全數站在媽媽那邊。讓媽媽有後盾，也要有一個中間人。因為離婚太難，民法，真的很令人為難。從那一刻開始，進入了冷戰，我也樂得輕鬆。繼續投入隔年的總統大選。

我想，應該告一段落了吧？

真相只有一個

「這個國家中，沒有人需要為自己的認同感到自責，也沒有人應該強迫別人為自己的認同道歉。」

在民族主義加持的高潮中，大選結束，有種煙花易冷之感。還沉浸在選舉時的慷慨激昂，轉身繼續投入總統就職典禮的支援。彷彿拉長自己的忙碌，就能讓時間過得更慢一點。期待著台灣將有的改變，更期盼著自己能夠有更多奉獻的機會。畢竟選舉時，我總是盡心盡力，表現也算是可圈可點，應該可以開啟別的戰鬥副本吧？我是這樣想的，想像自己就像 Online Game 裡面的修練士，終於可以轉職了。然而，現實總是不盡如人意，甚至相去甚遠。我望穿秋水，期待著伯樂。某次跟指導老師和朋友聚餐的過程中，突然被問到「妳再來要去哪裡？繼續留在黨部嗎」的時候，我才意識到，對啊，我要去哪裡？

哪裡都沒得去。

危機帶來轉機，轉機就是契機，把一切攤在陽光下，痛並苦的檢視著。

守護星是水星的我，遇到水逆自然比別人辛苦一點。被鄉民稱為國師的星座專家——唐綺陽，評論水逆星象時常說的：「水逆就是逼你面對你以往逃避的問題，然後解決它。」非常的哲學，也非常的貼近事實。工作上的鬱鬱寡歡，使我開始想要回家，找尋一些支持與鼓勵。但我忘記了，當初家裡的問題，我選擇視而不見。如今再回頭，問題不僅還在，而且越發嚴重。就像是癌症，等到痛時，通常已末期。妹妹打電話給我，問我這個週末有沒有空，去照顧媽媽，順便幫她買飯。那時我才知道，原來媽媽的身體已經那麼差了。

你怎麼對待身體，就會怎麼得到回應。血紅素不足，導致的貧血，是媽媽一直有的疾病。年輕過度打拚，透支的健康，也到了該還回去的時候。血紅素持續探底，終於到了需要輸血的時候。

輸血跟洗腎一樣，是個無法一直持續的治療方式。輸血要經由血管，但也會讓血管硬化。硬化了，那條血管就不能再使用。等到所有的血管都無法使用，也就輸不進血了。原則上，一條血管就用一次。輸血的效力保養得好，可以維持半年以上。所謂的保養，就是不能再勞累，也就是說，媽媽必須退休。退休，對於擁有固定薪資的人來說，是努力的成果。然而，對於非典型勞動或是自營工作者來說，卻是收入的中斷。更悲劇的在於，大多數對後者來說，突如其來的退休，通常代表疾病的來到。即使有健保，也無濟於事。

難道又要陷入愁雲慘霧之中嗎？當下我是緊張的。

不得不承認，我當時對於媽媽是多有怨嘆的。不是那種久病床前無孝子的埋怨，更多的是「為什麼要拿自己身體來賭」的氣憤。難道弟弟的經驗不夠發人深省嗎？一個不夠兩個來湊嗎？在媽媽還沒去住院前，我打了通電話，把自己的不順心也一併包裝在關心裡，一股腦地轟炸媽媽。

「對不起。」媽媽只是一直跟我道歉。

需要道歉的是我。

週末我睡得有點晚，因為前一天晚上跟朋友喝酒。「古來聖賢皆寂寞，惟有飲者留其名」，那時總是愛看文人墨客的詩詞，從這群古代魯蛇不得志就寫文章來抒發心情的作品中，找尋一些同感，跟他們做一樣的事情，來感受今月曾經照古人的感受。陳百潭唱出了我的心聲，我喝出了自己想像中的英雄。

「因為我有滿腹心事無塊講，才來酒國做英雄。」喝會醉，醉會醒，醒來還是要盡到自己的權利義務。所以，我打電話給媽媽。

「媽，妳下午要吃什麼，我買去給妳，可能要晚一點，我睡過頭了。」

「剛起床喔？慢慢來啦，妳爸爸中午會買過來。」

「喔，那我買冰好了，要買爸爸的份嗎？」

「不用啦，他等一下就回去了。妳騎車小心。」

輸血的時間不會很長，大概三四天就可以輸到夠量的血。常常我一去，都是爸爸在那邊跟媽媽聊天。從阿公過世後，爸爸跟媽媽就比較平靜了。倒也不是說感情變好，或是爸爸痛改前非。年過半百了，我想爸爸要改也改不到哪裡去。聽妹妹說，媽媽去住院後，爸爸有空就會去看媽媽，買個飯給她吃，然後坐著聊天，或是各自玩平板。很日常，卻是直到我二十八歲才出現的日常生活。

媽媽的身體從此也就虛弱了起來，輸完血後，才能打起精神包個水餃。所以，我們非常順著媽媽的意，不想去親戚聚會，那就不要去，不用勉強自己。我們也開始把握時間，到處去玩。通常是回鄉下祭拜阿公時，會租車一起去玩。我們也開始鼓勵媽媽跟做水煎包生意時認識的朋友去旅行。四個小孩，一人出一千元，媽媽就可以去玩了。我們跟媽媽的感情越來越好，因為失去彼此的時間點可能會出乎意料的提前。把握每一個相聚的時刻，重視當下，不要有任何遺憾，是我們最大的孝道。

跟爸爸的關係也有了轉變。曾經，我是如此憎恨著這個人。我表現得那樣優秀，那麼光宗耀祖，只因為我的外表，只因為我是女性，就什麼都沒有，什麼都要靠自己的努力得到。如果我是男的，是不是可以出國讀書？是不是可以獲得珍視？我忘不了得知爸爸知道我是女兒後，從來沒有抱過我的這個事實。我也忘不了我只能靠自己的努力打工，買動漫周邊回來，卻被打個半死的高二暑假。我更忘不了，爸爸每次看我的表情，就像是看著一個沒有價值的商品。很多東西我都忘不了，都帶著滿溢的恨意，我好恨。

我恨著這個名叫爸爸的人。更恨讓他變成這樣的親戚朋友。但我最恨的，是我自己，是身為女生的我自己。如果我是男生，爸媽的關係是不是就會變好？如果我是男生，是不是就能獲得更多資源？如果我是男生，一切就會不一樣。所以我一直努力著，潛意識想要被認同，這點我不得不面對。

《花甲男孩轉大人》電視劇裡面曾經有這樣的一幕，當一姊彌留之際，蔡振南飾演的鄭光輝鼓起勇氣，打電話給失聯很久的女兒花慧。

花慧接起電話，顫抖地說：「怎麼是你？你怎麼用阿嬤的電話打給我？」

鄭光輝說：「不用阿嬤的電話打，妳不會接我電話啦。走，跟我回家，阿嬤不行了。」

花慧跟蔡振南開始爭執，花慧的男朋友跳出來。劇情很老套，就是父親覺得女兒打扮得不三不四，一切都是跟壞男人混的關係。所以要男人別管，滾一邊去。其實父親知道自己有錯，但不能承認，好像承認就輸了。然後，演技其實滿生嫩的花慧在父親走後，哭著對男朋友說：

「我好怕我不恨他。」

錯了，孩子，恨，就輸了。

因為恨，就代表你還在乎，代表你會做盡一切事情來吸引父親的注意。但這終究是徒勞無功的。鄭光輝年輕的時候，對待自己的家人其實滿無情的。老了，卻只要來一套制式化的懺悔與自省，就可以獲得原諒，真是方便啊。我想起某次「中秋團圓夜之捍衛媽媽大作戰」，我用流利的閩南語舌戰群姑，最終知道了媽媽對於爸爸那邊的家庭而言，就是一個麻煩的存在這個事實以外，還有姑姑跟我說的那句話：「妳做人女兒的，多體諒爸爸，他只是還沒長大。」

「喔，已經五十歲了，還沒長大，那什麼時候可以長大？」

爸爸長大了，在阿公過世後。或許他根本沒有長大，是我們成熟了。總之，阿公過世是一個契機，在那之後，我不再唯唯諾諾的害怕著爸爸。

我把爸爸當成一個需要被教育的父親，我不主動教育他，當他有學習意願或是問問題時，我就回答他，我就教他。該盡的義務，我會盡；

但當爸爸想要展現爸爸的威嚴時，我不會讓他展現的，因為，他欠缺教育。

從此，爸爸沒辦法在言語中拿下任何一場勝利。我讓他知道邏輯站不住腳，講什麼都是多餘的。這樣倒是讓關係轉變了。變得滿不錯，至少我是這樣覺得。全家可以一起去吃飯，去參加活動，或是坐在一起平和聊天。我也同時送了爸爸跟媽媽一台平板，讓他們可以接觸到現在的社會。

看起來非常和平，像一個普通的家庭。而這一切，是建立在對彼此的不在乎。爸爸沒辦法再牽動我們的情緒，爸爸也越來越依賴他的兄弟姐妹。或許有一天，我們可能會成為一個很不錯的家庭。不強求，也不奢求。

多元成家之所以重要的原因，是可以解決當代的社會問題。構築一個家庭，最重要的永遠不是血緣關係。而是，你在不在乎。我很在乎我的毛小孩，我就是一個家庭。縱使我跟爸爸生活在一起，彼此擁有簽署手術同意書的法律正當性，但，我們是一個家庭嗎？只有把彼此從血緣所衍生之權力義務的枷鎖中釋放出來，才能各自邁向幸福的下一步。

我很感激這一切。

工作上遇到了困難，突破不了，反而逼得我轉頭回家，正視家裡的問題。就像是研究所時，論文寫不出來，我就打掃房間、學習韓文或是煮大餐給室友們吃。直面家中問題的感覺沒有很好，甚至非常痛苦，但是，不得不面對。某一天，我們四個小孩約好，要媽媽細數過去為了養活我們，總共借了多少錢。看著計算機後面的零越來越多，反而鬆了口氣。

「媽媽毫無隱瞞。」

也不是毫無爭議，在媽媽的退休金上，兄弟姐妹也是有所爭執。一派贊成全退，把債務還完，還能留一些錢下來，加上我們每個月的孝親費，可以不用欠債的尊嚴活著。一派覺得可惜，再繳幾年，就可以領更多了，不要短視近利。兩派陣營爭執，最終還是要交給媽媽決定。

選擇後者，就代表要努力存錢。媽媽選了，她就必須要多吃幾年的苦。但人生還是掌握在自己手中，自己選了，可以後悔，但不能擺爛，我們都知道。也就是在這時，我才知道，大家都不一樣了。曾經我以為我是家裡唯一的中流砥柱，會思考、會規劃，所以責任特別重大，也覺得家裡非常對不起我。我用這些想法合理化我的任性與冷漠，對於家人冷嘲熱諷，要什麼就是什麼。所以，遇到什麼困難，我尋求神靈、塔羅、算命以及朋友、老師，就是不會找家人，我覺得家人幫不上忙。受挫後，我也同樣試過這些方法，礙於面子，礙於任何事情，最終，不知道在哪個情境的催化下，我對家人開口了，竟獲得救贖。

弟妹們曾幾何時已經獨當一面，雖然對我來說還是幼稚思慮不深，但也已經是個可以討論將來、分析利弊的團體。我們從小到大一起長大，一起面對任何困難，一起對抗敵人。小時候我們是南丁格爾，長大後我們是調查兵團，一起出戰生命中的巨人。《進擊的巨人》中，葉卡與米卡莎、團長等調查兵團的成員們，一同成長，一同找尋地下室，找尋真相。挖掘的過程犧牲了很多人，找出來的真相也醜陋無比。但，還是要找。

沒辦法，真相只有一個。

Chao Saigon，Chao

Chao，是越南話裡面的你好。同時，也是再見的意思。

我在越南工作的時間，算一算只有短短的四個多月。這是一場冒險，是我逃避現實的行為，是我實現心願的旅程。找到答案就回來了。

一個人，想在工作裡面尋求什麼？有很多類似的研究與調查，大抵像是這樣。實驗分成兩組，第一組堆一個樂高機器人獲得3塊美金，第二個獲得2.7塊美金，以此類推，直到實驗對象覺得不划算而停止為止。

第二組是完成一個後，進行第二個的同時，工作人員會當面拆掉第一個。但完成後，每個還是給3美元。第二組的報酬遠勝於第一組，但第一組完成的比例卻高於第二組。此類型實驗是要告訴我們，對於人們來說，工作成就感的重要性遠大於薪資報酬。當然，第一組沒有繼續堆下去，代表著薪資也是滿重要的。

無處可去的我，覺得自己就像是被拆掉機器人的實驗組一樣，從工作中獲得的成就感越來越少。自我放逐、找朋友抱怨、看遍勵志文章，卻使心中的洞越來越大。某一次，在網路上看到一則漫畫，是用來解釋為何東大畢業，在電通工作的優異年輕女性，會選擇自殺。當人困在死胡同裡的時候，會封閉每一道出口，陷入無限的自我設限中，終致難以承受。看著漫畫，哭了幾回，我下定決心，打開人力資源網站，為自己找出口。

我知道自己在逃避，既然要逃開，就徹底一點。我沒有任何設限，唯一的搜尋條件，就是離開台灣。遠遠的離開，就像陳綺貞在〈旅行的意義〉裡面所唱：「你離開我，就是旅行的意義」。

要去哪裡呢？我不在乎。我只知道，再不離開，我就離不開了。我投了履歷，上海、日本、韓國、越南等地，還是不想離家太遠。幸運地，錄取了。條件都非常差，我顧不得那麼多，腦袋裡面充斥著「跑！」想法的我，沒有辦法做出理性的判斷。找了朋友、老師與家人諮詢，求助塔羅牌下定決心。國王下山來點兵，點到誰誰就當兵。

就是你了，胡志明市。

應聘職位：儲備幹部。

工作地點：越南胡志明市。

工作待遇：固定薪資，無勞健保，無提供簽證，培訓期間不提供返台機票。

捫心自問，條件非常差。但已經在成就感喪失的情境下太久，久到自覺只值這個待遇。要離開台灣，不只需要有決心，還要家中支持。我一直都是個任性的人，這次也不例外。在弟妹們一句「真的有事記得寄錢回來就好」的話下，我用了自己都覺得不真誠的離職理由，就這樣上了飛機，來到了越南。

除了 Xin Chao（您好）跟 cảm ơn（謝謝），我在越南就是文盲。我突然可以體會梁山伯的書僮四九，陪著進京趕考的心情。若老闆不跟我說話，我根本無法跟周遭的人互動，那樣的無助，也同樣寂寞。

為了排遣寂寞，我將全副心力寄託在食物上。幸好，真的幸好，越南有豐富多樣又美味的食物，可以填補我苦澀的每一天。

到了越南的第二天，就上工了。很快就發現，條件跟說好的都不一樣。沒有宿舍，只好借住在老闆親戚家的我，沒辦法料理家鄉味慰藉自己。每天早上坐公務車到公司，在公司附近吃河粉，就是我最大的快樂。

起初，我只敢去吃有店面的河粉。不是衛生問題，而是害怕被騙。店面有確實標價，也有品項，比較知道要點什麼。第一次自己去吃河粉，很緊張。我跟老闆說：「phở bò（牛肉河粉）」，然後手指比一。老闆跟我說了一大堆，我一個字都沒聽懂，只是一直重複 phở bò。老闆又說了兩句，就離開了。轉身回來，端上了一碗令人食指大動的河粉。

白色的大碗公，最下層是白嫩薄薄的河粉糰，上面放著生牛肉片，撒上綠色的細蔥、白色略帶透明的洋蔥條。隨桌上的，還有汆燙過，專門給外國人的豆芽菜。旁邊的透明箱子裡，放著一大把一大把的九層塔以及不知名的綠色葉菜。旁邊兩個鐵盤，一個放著切成一小瓣一小瓣的檸檬；一個放著切片的辣椒，有綠有紅。旁邊還放著各式調味料。

我都是這樣吃的。

先把檸檬擠在湯匙上，累積一瓢後，均勻的淋上河粉。然後，隨手丟四、五片辣椒上去。說到這個辣椒，第一次吃，避開紅色的。誰知道，最辣的是綠色，辣到咳嗽不已。老闆跑來關切，端來一杯茶，後來才知道，冰茶叫 Trà đá，是越南人的開水，吃任何東西都可以點。

擠完檸檬，放入辣椒後，我會先舀一口湯起來喝，讓酸味先引發食欲，後頭緊隨而來的辣味，逼出身體的熱氣。在烈日下，在動輒三十五度的高溫下，酸與辣對於健康至關重要。接著，打開箱子，拿出兩把九層塔。摘下葉子，大約十片左右，多了九層塔會反客為主。然後，選出兩三條不知名葉菜，大約小拇指長，放入碗中。最後，加入半熟豆芽菜。攪拌，將底下的河粉拉出碗面，覆蓋未熟的九層塔與葉菜。

還不能吃。

拿起旁邊的小碟子，把辣醬跟醬油倒入碟子，才算大功告成。正統越南吃法。

白色的河粉與豆芽，透明色的洋蔥，綠色的青蔥、九層塔與葉菜，紅色的辣椒，粉紅色的牛肉片。初戀的粉色系，形容的就是這樣的色彩組合吧？

滑順柔嫩的河粉通過喉嚨時，不帶任何負擔，就是一種清爽。夾起一片半生不熟的牛肉片，攪拌小碟子裡的兩種醬料，均勻蘸裹後，才送入嘴。鹹味、甜味與肉汁，豐盈著口腔。這只是第一層次的吃法。

湯匙不大，一切考驗技術。適量河粉為底，放上青蔥、洋蔥、九層塔與豆芽，壓上蘸取醬料後的肉片。將嘴巴撐開到極限，平行放入。咬下去第一口，先感受到的肉與河粉的軟嫩Q彈，接著是九層塔的香氣，洋蔥跟青蔥的脆辣緊隨而來。每咀嚼一口，都是某個配料 Solo 的時刻。

河粉就是越南的象徵。口感是越南人的民族性。可以說得一口呢喃清柔的越南語，也能擊退世界強權，取回國家政權，韌性十足。配色是越南人的價值觀。越南人善用亮麗的各種顏色來妝點自己，房子的裝潢比內裝重要，帶有法式浪漫情懷。味道是越南人的文化，豐富、多層次。擁有豐富的文化底蘊，兼容曾駐留越南各國的特色，也保存著自己的歷史文化。日子一天一天過，河粉一碗一碗吃，我才發現，剛開始自己說的 Phở bò，只是河粉的代稱。Phở tai、Tai nam，許許多多種對於河粉肉類的形容，才是越南文化細緻的展現。

學習到越南語數字的表達，我也開始走向路邊攤，去尋求在地的美味，貼近越南人的真實生活。才發現，越南人很少騙人。真正騙人的，是同樣說中文的華人。

同事都是越南人，我只能依靠英文來溝通，彼此都是負擔。客戶都是台灣人，但他們多半在批評越南勞工、台灣政府以及年輕人。說中文就像是外文，我無法聽懂他們所想傳達的世界。語言能力曾是我的武器，失去語言能力，就如同被割去袋囊的鵜鶘，再也不能進食，再也不能活下去。

「想說中文」成為我最大的念想。

我每天晚上都逼迫我的家人與朋友們跟我視訊。開粉絲專頁，維持書寫的能力。記得當時要離開台灣時，工作上的前輩跟我說：

「對我們來說，寫文章，就是在幫自己鋪回家的路。」

我謹記這句話，還有我的學術訓練所教我的，我將我的所見所聞，用分析寫出。不帶任何歧視眼光，不將人們畫分為同一群，用幽默、批判的筆觸寫著，寫出自己的寂寞，寫出對於越南友善的回饋，寫出一條回家的路。

對於粉絲專頁，剛開始我沒有太多想法。我當成廢文來寫，寫一寫對於越南的生活。後來，開始拜訪客戶，從客戶那裡感受到慣台商和優質台商的差別。體會到為了五斗米只能折腰，藏住自己對於客戶一萬個

同事都是越南人，
我只能依靠英文來
溝通，彼此都是負擔。
Excause me...
I'm not good
at English.
Me, too.
Me, three!
說中文就像是外文，
我無法聽懂他們
所想傳達的世界。
語言能力曾是我的武器，
失去語言能力，就如同
被割去袋囊的鵜鶘
那個…
我…
再也
不能進食
再也
不能活下去

批評的窘境。缺乏運動的我，不小心，腰就快折斷了。無奈仰起身，回嗆回去。

抱歉，我沒有辦法忍住。這樣的批評，我想是不公平的。離開台灣那麼久，在越南定居的我老闆以及他的客戶，好像是漂浮在世界上，沒有任何對於台越兩地的認知。回想起有一次，客戶嗆我，台灣年輕人搞台獨，把台灣搞壞了。

「全世界都喜歡中國，尤其是越南，只有你們這些民進黨笨蛋年輕人反中。」

客戶這樣對我說，然後邊拿出他包包裡面一疊一疊，上面印著胡志明的鈔票。

這是親中的報酬嗎？

主管在回來的路上，轉頭對我說：

「他們（客戶）離開台灣真的太久了。然後，我們越南人，不喜歡中國。」

我想，主管沒有說的是：「這些人來越南發展那麼久，對越南還是不理解啊。」

我把這些批評以及抱怨，反思後，寫在我的粉絲專頁上。開始有網路平台轉載，獲得更多粉絲，然後，發現很多台幹都有一樣的感觸。有些人會提出不一樣的意見，有些人會希望我不要一概而論。我得到了很多溫馨的反饋，了解更多的真實。當然，也得到嘲諷與批評。我也調整我的觀點，修正我的自以為。

但我真的很開心，我覺得，這一段時間，越南跟粉絲們，給了我非常多的發揮空間。人，真的要跟世界做朋友。

用觀光簽工作，沒有契約，沒有勞健保，沒有加班費，沒有宿舍，我就如同我論文研究中的黑工一樣，為夢想冒險的同時，也在累積危險的不確定性。我可以任性，可以闖蕩，可以逐夢，但不能造成家裡的負擔。

一次，公務車發生車禍。司機下車跟肇事者理論，並打電話叫警察。穿著制服在車上笑著，拿起手機拍照，準備在粉絲專頁分享此事的我，突然一個念頭閃過，意識到「我是黑工」。好險警察還沒來，我緊張的溜出車子，一副沒事人的走過橋，回家。我決定，過了三個月簽證期後，請老闆給我商務簽。

老闆拒絕我，用很多冠冕堂皇的理由，把同鄉的年輕勞工，對於不確定性危險所尋求的安定條件，當成是不懂事的草莓族提出的無理要求。最後，我什麼也沒得到，只得到一句：「妳好好工作，以後什麼都會有。」

那天晚上是我第一次在異鄉大哭。之前的努力，都是假的。對於老闆來說，員工的生命與擔憂，比不上申請簽證的幾張胡志明。這次，我

一次，公務車發生車禍。
好險…差點就要拍照打卡了！
我算是黑工吧？
得在警察來之前先離開才行！
我決定，過了三個月簽證期後，請老闆給我商務簽。
這件事情現在是有困難的呢
對穩定性不夠高的年輕人來說這其實不是好事
這個其實可以再評估
沒有那個必要
提這個要求就是妳了解的不深
總而言之
妳好好工作
以後什麼都會有。
ㄎㄤ

沒有繼續浪費時間，摸索自己與公司的未來。恰好有新的工作機會，我也用沒有簽約這項特點，火速提出辭呈，並且離職。

對於中小家族企業的經營者，我老闆來說，員工要離職，就是員工自己不爭氣，免不了一頓批評當代台灣年輕人的話語說出。我巨細靡遺的說出自己對於勞動條件的質疑，我明白有一些條件是我自己答應的，怪不了別人。然而，幾個老闆答應要提供的條件也沒有做到，才是離職主因。我必須要讓老闆知道，不遵守勞動規範，不用談會有多善待勞工、有多幸福的企業。因為我知道，我要為自己戰鬥過，才不會一輩子遺憾。

我提出離職申請後，前輩找我吃飯。他很驚訝，我居然會離開。

「妳比我適應得還好，我完全想不到妳會離開。」

「因為我找到解答，不想在這個工作浪費生命了。」

在回程的班機，旁邊的台灣大叔找我攀談。

「老闆只給我觀光簽，又不簽契約，我覺得很不合理，就回來了。」

「妹妹，這很正常。我告訴妳，給你們年輕人機會，你們就要把握。勞動條件那些，做到像我一樣的主管，就會有了啦。」

大叔這一席話，讓我更確定我的離開是對的。

我還沒有完成我的大事，我還沒有把這些想法和離職的勇氣帶回台灣。我要用書寫引發討論，影響政策的制訂，以及，感染更多的人，讓那些還沉在苦海的戰士們，讓他們可以獲得勇氣。勇敢的跟自己說：

「我可以的，我要為自己爭取，我所想要的。」

Chao Saigon, Xin Chao Taipei.

休息一下吧

現在，我每一天都自己編頭髮。

在越南的那四個月，語言不通，環境不熟，假期不多，沒有朋友，在這個三不一沒有的狀態下，我只能過著日復一日的日常生活，好好的、專心的生活著。一些對於外在的打理或是添購，我疏於想到。所以，我留長了頭髮。頭髮留長了，在炎熱的越南，特別是在雨季，可以保持一點點的乾爽。維持著頭髮至肩膀的狀態，我回國了。帶著變黑的皮膚以及變長的頭髮，面對短到無法有所改變的家鄉。

去妹妹朋友開設的美髮工作室，美髮師要我別剪掉頭髮，這樣可以做造型。我把頭髮修整，褪色，染上了時下最流行的霧面亞麻綠，試圖煥然一新，以遮掩自己的灰頭土臉。

這段時間，有一首歌流行著。那首歌講述的是離鄉打拚的台灣人，打電話回家時，家人總是不希望遊子擔心，多半會回答：「好啦，沒代誌。」要讓遊子去走自己想走的路。

我記得我之前曾經看過，目前在國外工作的台灣人，有登記在案的，超過七十四萬人。實際的數字一定更多，像我一樣拿觀光簽的、不合法的人，對於國家的稅金沒有任何貢獻，這樣的人，一定更多。

離鄉背井，無論是從台北到美國，還是從台北到越南，就算只從高雄到台北的，都是離鄉背井的遊子，都會想要回家。但是，回家的路非常的遠，有時候，是再也回不去的。回不去的原因有很多，可能因為薪資，可能沒有機會，可能在外國成家立業，可能在外國發光發熱，也有可能，只是沒有成功，不敢回家。在外國聽到這首歌的時候，先是感動得一場糊塗，在AEON的餐廳裡面，壓抑的抽泣，一把鼻涕一把淚的。不顧桌上的濕紙巾要另外算錢，平常總是捨不得用，低著頭，撕開包裝，將充滿酒精以及刺鼻香水味的紙巾，狠狠的拭淨整臉，紅通通的，不知道是對酒精過敏，還是哭泣後的充血狀態。那時候，整個視線跟焦點只停留在MV的故事，對於歌詞是沒有感覺的。

掙扎了一番，最後還是狼狽的回到台灣，回到自己的家。但心沒有回來，或者說，不敢回來。那時候，最遠的距離不是台北跟越南，不是新莊跟胡志明市，是自己與家。不敢回家。沒臉回家。

「我等你成功。」

錯過跟朋友一起租房子的時機，所以決定住家裡通勤上班。為了通勤，我開通了KKBOX，下載了很多流行歌，試圖接軌時下的生活。再一次聽到這首歌，我終於注意到了歌詞。

「我等你成功。」

在公車上，焦躁的用手指摳著扶桿上的塑膠皮，來回晃動著身軀，不讓自己的眼淚在公車上掉下來。通勤的四十分鐘比平時都還要漫長，搭公車的人也越來越多，覺得全世界好像都在注視著我，一個看起來有Monday Blue的上班族。我趕緊將音樂切到〈魚仔〉，發現於事無補。便趕快下載《戀》，讓自己想起新垣結衣在日劇裡面的可愛模樣，並且開始在腦中構思這部日劇想要傳達怎麼樣的社會學概念。這些冷僻、生硬的學問，蓋過突如其來的怒氣所導致的悲傷。

不成功，就不能回家嗎？

買了早餐，拿著識別證，我衝進了辦公室的廁所。

在廁所用冷水退去我鼻子的紅，鏡子映出了我的頭髮，中分，兩側編著三股辮後，用橡皮筋固定著。集中起來後，在後側綁上馬尾，典雅又散熱的髮型。辮子一直都是我的最愛，或者是用很多條橡皮筋，一層一層綁下來的頭髮，都會讓我想起小時候。

媽媽十六歲離開家裡到台北工作，就是在新店做美髮學徒。做了應該有十年，賺了錢，學得了一手好手藝。後來跟朋友一起開店，在結婚後，為了照顧小孩，就沒有繼續做了。後來，媽媽的雙手，做了很多工作。很多用勞力的工作，很多社會聲望不高的工作，很多收入不多的工作，養大了我們。

從我有印象開始，我的頭髮都很美麗。媽媽每天會幫我們綁頭髮。她買了很多彩色的橡皮筋，把我的頭髮中分後，在兩側一段一段綁著，像彩色的毛毛蟲。比較清閒時，媽媽會幫我們編辮子。媽媽買了很多髮飾給我們，我很喜歡蝴蝶結或是娃娃下面連著網袋的髮飾。編好辮子後，會把辮子順時針繞成圈圈，用髮夾固定住。然後把我們挑的可愛髮飾夾上頭髮，把頭髮放進網袋，變成可愛的包包頭。無論配上裙子還是制服，都很可愛。我都這樣去上學。

小學時，老師常常說我們家一定很有錢，頭髮才能每天都那麼漂亮有變化，一定是媽媽帶我們去髮廊 Seido 後才來上課。一開始我以為這是種誇獎，很開心的跟老師說：

「這是我媽媽幫我綁的，她是美髮師。」

後來發現，老師的表情、同學的表情，不是羨慕，不是誇讚，是看不起。我的好朋友跟我說，老師跟他們說：

「把錢花在頭髮上，難怪會沒錢，亂花錢。」

沒有說出口的，是沒有良好的金錢管理能力吧？那些總是對於窮人的批評。就像是新聞常常出現的，「領取低收入戶補助還出國？」這類的評論。好像窮人就必須活成窮人的樣子，不能有任何的奢侈花銷，不能有超出生活所需物質的享受。窮人，只能窮著。夢想什麼的，可以有，但要成功才行。在成功之前，一切對於生存以外的開銷，都是不被允許的。領錢就去吃大餐，不行，難怪會窮，不懂得存錢。存錢出國去玩，不行，領低收入戶的錢就不能出國去玩，或者說，不能去玩。這世界對於底層人活著的方式，有諸多的限制。在成功之前，不能有任何生存以外的行動。所以老師才會這樣批評我。

後來，我就不喜歡綁頭髮了，而媽媽也沒有時間幫我們綁頭髮。她要忙著賺錢，忙著照顧弟弟，忙著讓我們大家活著。幸好，也不用我們自己說不要綁頭髮，在那年的暑假，爸爸帶我們去把頭髮剪成小男生的樣子。沒有問過我們的意見，沒有問過媽媽的意見，就這樣剪掉了。無論是新家的廚房，還是媽媽通勤用的機車，都沒有問過媽媽的意見，就這樣決定了。從此，我的頭髮就沒有超過肩膀。媽媽的好手藝就這樣沒有施展的地方，好一陣子，我都忘記媽媽是美髮師出身了。直到現在，在我心中都隱隱覺得，長頭髮是有錢人才能留的。沒辦法講出理由，就是一種感覺。媽媽也把頭髮剪短了，沒有留長。

媽媽的雙手不再編織頭髮，不再拿著剪刀。媽媽的雙手，拿著電子零件與鑽子，將一台台電子辭典組裝起來。媽媽的雙手，拿著美工刀，快手割開一張張鋁箔紙，在生產線上，如同機器手臂一樣工作著。快手還是被誇獎著，特別是趕工的時候。媽媽的雙手賺進了好多錢，好多足以讓我們長大，足以讓我們活著的錢。

媽媽的雙手，努力的工作著，直到現在也沒有停下來過。

如今，我重新把頭髮留長，每天編著頭髮出門。同事每次看到我的頭髮，都會驚嘆著說：「也太漂亮了吧！妳好厲害！」

沒有人質疑我是不是每天都去髮廊做頭髮，也沒有人覺得去髮廊做頭髮有什麼不對。一切都是如此正當、合理。

我有資格留長頭髮了嗎？

現在的我，單純想用煥然一新來掩蓋灰頭土臉，但還是沒有辦法掩蓋住。

在前往其他處室拜訪以前的同事時，同事笑著說：

「你那ㄟ架緊就返來，越南工作失敗了喔。」

說的沒錯，我失敗了，我夾著尾巴逃回來了。即使我用再多華麗的、具正當性的辭藻來合理化我回國的理由。潛意識中，我認為自己是失敗的。我想起在研究所的時候，換了學校。換到一個夢想中的學校，支撐夢想總是辛苦，研究所生活的頭兩年，真的非常辛苦。讀台灣最好的大學，只是為了讓媽媽以及自己，在親朋好友面前可以高高仰起頭顱，僅此而已。這兩年來，我不敢回母校去看同學和老師，不喜歡跟以前的朋友接觸，一種無顏見江東父老的概念，籠罩著當時的我。

我的人生不能失敗，只能成功。唯有成功才能讓自己的努力有代價，才能讓媽媽的辛苦有回報，才能讓自己能夠走到這個社會底下呼吸著。

如今，我重新把頭髮留長，
每天編著頭髮出門。
好漂亮！
哇
哇啊
妳好厲害喔！
手真的很巧欸！

妳不覺得我是去髮廊弄的嗎！
咦…咦？不是自己做的嗎？
我如果是去髮廊做的妳會覺得很奇怪嗎！
不會啊！幹嘛逼我！
真的不會嗎！
妳到底想聽什麼答案啊！
真的假的
抖
一切都是如此正當、合理。

我
有資格留長頭髮了嗎？

只要偏離成功的軌道，對我來說就是失敗。失敗的人生過程，只是成功時的花絮。隱藏自己，逃離世界，就是我面對挫折的準則。一點都不勵志，是黑暗的，是太宰治風格。在這樣的狀態裡，每一次要走進陽光中，都是一種折磨。就像是穿上不合腳的鞋進行約會。要走得挺拔、穩健，臉上還要帶著笑容。舉步維艱，步步痛徹心扉，卻還是要開心著。以往，都會調整狀態、就戰鬥位置，來面對可能的衝擊。或許因為時差，反應變慢。這第一次，我沒有任何防備的就走到陽光下，猛然遭到紫外線的直接照射，當場曬傷，還沒有蘆薈在手上。

我知道自己不能這樣，我必須假裝。我裝作自己這趟越南行很有收穫。我寫文章，我投稿，我開專欄，讓自己看起來有模有樣。我知道我要努力，但這樣的努力沒有方向，只是在假裝，假裝自己對於人生很有規劃。我們的社會好像不允許大家沒有夢想，沒有希望，沒有對於未來的想望。周邊的戲劇、輿論、文章以及分享，都是在傳達年輕人要如何定下目標，早日走在實現夢想的道路上。整個世界都在要年輕人勉強，勉強在日文語境下是讀書、吸收知識；勉強在中文語境中，就是勉強。不准懈怠，只要跌倒，都必須要再站起來，馬上。

但其實我什麼都不想，我只想休息一下。好好的、徹底的、懶散的休息一下。

「我等你成功」的傳統主義從未散去，就像 PM2.5，從身上的毛孔進入身體，從裡而外的毀壞。

有一個故事是這樣說的，他說，人生的起落就像心電圖，當起落一樣時，生命就結束了。看著人生的心電圖，一上一下，我不再像過去一樣，只是擔心著，或者只是看著，等待痛苦過去。我學會解讀心電圖，分析它試圖告訴我的。這一切都要歸功於我自己，我的意思是，我們自己。是我們自己能夠透過教育、透過所經歷的一切不幸，來讓自己成長，帶著他人一起走出悲傷。如果不是我們如此堅強，這世上就不會有那麼多希望。都是我們的功勞，好嗎？

每當我又遭逢人生的低谷時，我知道是哪些人哪些事在偷偷打擊著我。他們總是說我不夠努力，忽略了在我腳下比別人還要重的枷鎖如何箝制著我。

他們總是這樣說：

「加油，鑰匙就在前面了，妳再努力一點，就可以勾到了。」

甚至是用《奪魂鋸》的方式，要我砍斷被鍊住的那隻腳，流著血，跛著腳，往前衝刺。

哼哼，可不要以為我會輕易上當，誰知道下一關考得會不會是平衡。

在我挑戰更高的關卡時，我不會像瑪莉兄弟一樣，每個下水道都試試看，用運氣來賭自己是不是找到了捷徑。我可是聰明的很，早就已經先私下聯絡闖過關的勇士們，取得了攻略，也得到了出題團隊洩漏出的考題。這些攻略和考題，就像是龍之介大叔筆下的蜘蛛絲，很纖細，還來不及編織起來，變得強韌，但卻已經足以讓我這樣的人攀爬上去，一種偷吃步的作弊通關。

可是啊，爬呀爬呀，總是會累的。一開始，可能拼命爬，拼命走，像《屍速列車》裡孔劉為了生存、保護女兒，不停的跑，不能被殭屍咬到。但被咬到又怎樣呢？

不怎麼樣，真的！被咬到就休息一下，等重新放映再跑就好。

過去，我希望在人生的每一個轉折上，留下隻字片語，讓同類、讓制定政策的人、讓既得利益者，看到我們所經歷的困難。希望他們可以發現，進而拓寬、修繕這條小徑成為康莊大道。因為我總是認為，只要有人看到，就有機會在制定政策過程中，把我們放進去。有可能在行善的過程中，給我們一點。可是啊可是，我們就這樣辛苦著、勞動著，最終，生病了，折損了。我的媽媽、我身邊的一些朋友，就是這樣。

所以，我開始慢下腳步。我想，我需要的是休息一下。我有那麼多的時間，那麼長的人生可以度過，躺一下，不會死人的。

總是想要將旅程塞得滿滿滿，好像一個行程沒有去，旅行就失去意義的過去的那個我，不在了。現在的我，是個會在民宿賴床到中午，逛街走路累了就去咖啡廳，晚餐後買好吃的食物就回民宿休息，我就是這樣的女漢子。

我喜歡這樣的我，也希望感染更多在夢想的道路上拼死努力的我們。

如果能夠認真擺爛也是一種才華。想想劉伶，癱軟都能成為名人，真的今夜作夢也會笑。

我們的一百種生活，怎麼過，不用別人來告訴我們！

透過教育，透過一路走來拉我一把的師長、貴人們，讓我得以在窮人的漏篩中，頑強的挺住。
當我們到每個阻礙的轉角處，就能留下一些字句
我一定要…
抓住這個機會！
讓後來爬上來的同類，或者是沿路做考察分析的政策制定者，又或者只是閒晃經過的既得利益者看到。
之前的人真是太辛苦了…
看看之前的經驗，所以這個政策還有哪裡哪裡需要做調整…
嗯
只要看到，就有機會改變。
笑
等等！那部分請來問問我的意見！
哇啊！球球妳來啦
我有經驗！

國家圖書館出版品預行編目資料

咬一口馬克思的水煎包——我這樣轉大人 / 張慧慈著.
-- 初版. -- 臺北市 : 大塊文化, 2017.10
面； 公分. -- (smile ; 143)
ISBN 978-986-213-830-4(平裝)

1.女性 2.生活史 3.臺灣

544.5933 106015902